誰說弱國無外交

仇家彪 著

台灣外交奮擊

四〇——到——八〇年代

一九四七年於英國戰鬥艦「榮譽號」（Renown）接受水兵基本訓練，前排左一為筆者

一九五六年與未婚妻張希瑛合影於高雄

一九七六年筆者擔任駐美大使館一等秘書時，
陪美國國會議員拜會行政院蔣經國院長

一九八〇年代在台北酒會中
與國貿局蕭萬長局長合影

一九八〇年代與親戚合影於北京

一九八八年首次返上海探親與表哥蔣錫熊
夫婦及二哥合影

一九八八年筆者夫婦陪同蕭萬長局長
夫婦訪瑞士

一九八八年陪同當時的經濟部國際貿易局
蕭萬長局長訪問羅馬

筆者參加中歐貿易促進會第一任理事長辜振甫先生（右一）
邀請歐洲訪客午宴，右二為當時中央銀行錢純副總裁

一九八九年隨同經濟部國貿局江丙坤局長
（中立者）訪德國

一九九〇年首次在上海與留英海軍
同學相聚留影

一九九〇年筆者任中歐貿易促進會秘書長時，
訪法南部大城土魯士市拜會該市市長。

一九九五年與留英海軍同學赴青島拜訪前「重慶艦」
鄧兆祥艦長（前排中立者）

一九九五年在大連與留英海軍同學合影，
背景為自「重慶艦」拆下的四吋副砲。

一九九八年筆者參加上海的「重慶艦」
接艦歸國五十周年紀念大會

二〇〇八年筆者參加上海的「重慶艦」接艦歸國
六十周年紀念大會，並作專題演講。

獨立蒼茫——代序

我六歲喪父，八歲抗日戰爭開始，上海市物價上漲，家中經濟日益困難，遂於十三歲進入信成襪廠作學徒，身心受到折磨，但也養成了咬緊牙關刻苦好學的奮鬥精神。民國三十四年（一九四五年），日寇投降，抗戰勝利，我考取國民政府舉辦的流亡學生入學考試，分發至南京國立第一臨時中學繼續求學，半年後跟隨同學考取海軍赴英學兵大隊，前往英國接受一年半的皇家海軍訓練，並於一九四八年接受英國贈艦「重慶號」巡洋艦歸國。

同年九月，我考取海軍軍官學校四十一年班（一九五二年），赴青島受訓。民國三十八年初，共軍已逼近青島外圍，海軍官校遂撤退至廈門，爾後福州淪陷，官校於八月再度撤退至台灣南部左營海軍基地。據悉民國三十八年六十萬國軍撤退來台，如今只剩六萬人左右，而筆者就是其中之一。因此我於二〇一一年出版《血歷史》一書，敘述我在海軍服務二十三年的經歷（一九四六－一九六九），同時筆者亦撰述了爾後在經濟部、交通部觀光局，以及

外交部駐美大使館等服務文官公職九年的經歷，為當年大陸來台第一代軍公教人員，作歷史的見證。

海軍學長劉和謙一級上將，鼓勵我再接再勵，繼續撰寫《誰說弱國無外交——四〇到八〇年代台灣外交奮擊》，因此，我以八十五歲的高齡，再度持槍上陣，寫寫停停，終於完成了我的心願。

回首來時路，我感謝上帝的恩典，賜給我意志力，令我能克服自己性格上的缺陷，一步一腳印地走過波濤洶湧的人生；我更感激的是，有幸遇到生命中的三位貴人，他們是海軍總司令馮啟聰上將，經濟部孫運璿部長，以及外交部錢復部長。他們對我的信任與愛護，讓我充分發揮潛力，去完成許多不可能的任務。

作為一個虔誠的基督徒，我要引用新約聖經提摩太後書四章七節及八節：

那美好的仗我已經打過了，
當跑的路我已經跑盡了，
所信的道，我已經守住了，
從今以後，

自有公義的冠冕為我存留，
阿們！

《血歷史》讀後感

前外交部長及監察院長　錢復

仉家彪兄以他的新書《血歷史》一書相贈。初看書的標題使人有不寒而慄的感覺。讀了全書的內容後的確感受到這本書所敘述的內容有血有淚。

家彪兄的成長過程有不少常人所難以想像的際遇：以十七歲的少年成為英國皇家海軍的一員、來台之初在海軍官校經過肅殺的歲月、在海軍任少尉軍官考取留美，成為我國最早接受兩棲作戰訓練的一員、任海軍中尉教官為三軍將領講授兩棲戰術而備受好評、受長官信賴在兩棲作戰司令部負責撰擬最敏感機密的作戰及演習計劃；使他在不到三十歲經歷了許多難得的寶貴經驗。

這以後他擔任了六年外事連絡官，又在駐美採購團軍資組服務了三年，並且利用公餘時間在馬利蘭大學進修三年，不讀學位，只為充實知識。

三年任滿回國，他軍職外調到經濟部為部長孫運璿先生撰擬英文稿件，同時也協助國際貿易局作相同的工作。到交通部觀光局成立，他又為曹嶽維局長禮聘為主任秘書。

民國六十年我在外交部北美司工作，鑒於美國對兩岸政策的逐漸變更，我向長官建議一項「良友計劃」，加強對美國國會的工作，除了邀訪兩院議員和主要助理來華訪問外，為了推動工作在駐美大使館內增設國會組，請當時在華府擔任國防採購組組長的胡旭光將軍擔任大使館公使，籌設國會組。

胡公使推展國會工作十分辛苦，因為沒有前例可循，在館內的職業外交官同仁中，也沒有很多人願意作這項必須全天候負責的工作。我記憶所及只有程建人兄從旁支援，其他的袁健生和馮寄台二位都是胡公使由海軍和留學生中找來。他想到了在國防部聯絡局追隨他的家彪兄，特別和我商量可否借重。我告訴胡公使，我和家彪兄不熟，但是對胡公使完全信任，只要他認為可以，同時本人也同意，我一定在行政方面全力支持。家彪兄有高度愛國情操，胡公使和他商量，他毫不遲疑的答應了。

外交部雖然聘家彪兄擔任專門委員，但是派赴華府大使館只能用一等秘書，這是所謂「高階低用」。家彪兄雖然已擔任簡任職多年，為了愛國，委曲的擔任薦任職；然而他毫不在意，欣然接受。我初次和他見面，就必須告知他這項不甚合理的安排，他說重視的是做事，作官不在他考量之內。他給我的印象是渾身是勁，講話充滿自信，我的直覺告訴我：駐美大使館就是需要這樣的人。

家彪兄赴任後果然沒使我希望，過去大使館在國會交往的是以保守派親我的議員為主；家彪兄則從自由派主張與中共建交者入手。他先和這些議員的助理們交朋友，逐漸讓他們瞭解我國。他一年來幾乎每個月都會帶團回國，在飛機上和助理們介紹我國，以他曾擔任觀光局主秘兩年的經驗，所說的都有充分的數據支持，使助理們很容易接受。到了台北，一週的節目排的滿滿的，幾乎沒有片刻的休息；這時候印證了我對他的第一印象：渾身是勁。每次他要回到任所前來看我時，我總是勸他慢慢來，要注意自己的健康。

家彪兄的表現的確是令人欽佩，但是很奇怪的是，這樣優秀的人，在我國官僚體系內並不太受歡迎。使館內有人說他的報銷有問題，有人說他不按時上下班簽到。這些人實在不瞭解國會工作的特質：有時聽證會早上舉行，同仁必須在九時前到國會山莊，根本不可能先簽到，有時下午聽證會或約會延長到六時或七時，也不可能簽退，因為那些批評的人早下班回家了。家彪兄的個性是做事，他一切不計較，上班時間長乃致自己掏腰包，他都不會有任何抱怨；但是對於被自己人背後插刀是他所不能忍受的。因此在中美斷交前他終於忍受不了而要求退休。我曾嘗試勸他留下，當他將真正的癥結告訴我，我只有同意了。

斷交後為了使美國國會能給予我們安全保障和各種關係的持續，政府又請家彪兄以私人身分去華府作兩次短期的義工，沒有名義，沒有報酬，只有具有高度愛國熱誠的人，才會如此獻身，他兩次都不辱使命。然而在官方記錄中，並沒有他的名字，因此他的回憶錄不僅是必要的，而且這兩段義工的貢獻是真實的。

這三十年來，雖然我們都在台北，但是見面的次數沒有超過十次。每次見到他都是和初次見面一樣充滿活力，無論如何無法相信他已年過八十，對這位為國家作重大貢獻的人，也許蒼天特別眷愛，賜他青春常駐。

目次

第二輯　回述外交過往

第一輯

追思來時路

追憶「重慶艦」的伙伴們

民國三十五年二月，我與南京國立第一臨時中學同學十多人考進了海軍赴英學兵大隊，被送往上海市虹口荊州路的原日本軍營，接受海軍入伍訓練，並於同年十一月搭乘英國運輸艦「澳大利亞皇后」號，赴英國接受皇家海軍的訓練。

當年我們在上海入伍編為第四中隊，共一百多人，其中在上海出生與長大的道地上海人，只有陳耀棟，陸浩奇和我三人，因此我們之間的感情很好。到了英國在普利茅斯軍港中已退役的戰鬥艦「榮譽號」接受基本訓練。我們三人常在下午四時收工後在上甲板相聚聯天。記得陸浩奇煙癮很大，我將每個月配給的香烟讓給他。

一九四八年五月十九日，英國海軍在普茨茅斯軍港正式將輕巡洋艦H. M. S. Aurola移交給中國海軍，我政府定名為「重慶號」五月二十六日啟程返國，並於八月十三日駛抵吳淞口，返國航程共計七千六百一十四海浬，歷經八十天方抵上海。九月中海軍總部通知重慶艦可以保送八名士兵參加剛在全國十個地區招考的海軍軍官學校四十一年班（一九五二級）進入海軍官校接受四年的軍官養成教育，我報名參加了考試，並以榜末第八名錄取赴青島就讀，從此就與艦友們別離。

一九四九年二月二十五日午夜，重慶艦於上海吳淞口駐防，二十七名士兵組成的起義委員會士兵，武裝夾持鄧兆祥艦長駛往煙台投共。當時海軍官校已遷往廈門，我們八個前重慶艦士兵都心懷恐懼，不久王安定同學被抓去，嗣後海軍官校於一九四九年二月遷至廈門，復於同年八月遷至台灣南部左營海軍基地，不久王安定被釋放返校，因課程耽誤，降至四十二年班。

一九八七年台灣開放老兵返鄉探親，我於一九八八年十月首次返上海探親，爾後於一九九〇年與上海的留英海軍同學會聯絡上，並於同年春季在上海政協與「重慶艦」老同學們聚晤。隔了四十年，大家都老了，相晤時倍感親切和傷感。不久住在東北大連的陳耀棟打聽到我在台北的地址，寫信與我敘舊，令我驚喜萬分。

我遂在一九九一年春季偕老伴去大連訪問舊時伙伴，又驚喜地發現當年我們重慶艦魚雷中隊的士官長吳修垣及武定國、趙振亞、孫國楨、秦咸周同學都在大連，武定國榮任遼寧省政協常委，嗣後他曾安排我在瀋陽作了一次演講。

在大連期間，我曾和陳耀棟長談，他告訴我在文革十年中，他曾三次下放勞改及一年的隔離審查，吃足了苦頭，他寫信很勤快，但講話時顯然反應緩慢，這顯明是文革後遺症。他在重慶艦上是輪機兵，故當時他在大連造船廠擔任技工，住在工廠簡陋的宿舍，他的老伴瘦弱多病，故家事他獨自包辦。我目睹他的淒涼晚景，心中難過之極。

另一位上海同學陸浩奇，在上海同學會相見時，穿著畢挺的白襯衫和深藍色長褲，仍舊像當年在英國時一樣的派頭，令我欣慰。

首先他向我抱歉，未曾回覆我的信，因為文革時吃足苦頭，他的思想還未解放。然後他嘆口氣說，目前他的三個媳婦都已下崗，家計困難，他這個老爸老了退休後，還要幫助三個兒子家庭，真是苦命。

此外，我也打聽了當年一同考取海軍的南京國立第一臨時中學曹建明和程鏡之，據告，曹建明在文革時去世，而程鏡之在文革中被鬥爭，他去世前已經神經錯亂了。

但令我驚喜的是，我在一九九〇年第一次在上海與老同學聚會時，收到陳永明同學從廣州發給同學會轉我的電報說，他因公出差不能來上海相聚。後來他專誠邀我在他的故鄉揚州相聚，讓我見到了「煙花三月下揚州」的美麗風景。此後我也去廣州探望他和廣州的老同學，當時有一位魚雷中隊的同隊同學抱著我大哭道：「仉家彪啊！我苦死了」。令我最高興的是魚雷中隊的黃國楠同學從深圳趕來看我，當年我們在「重慶艦」上都是睡吊舖，他的吊舖在我的左邊，每天晚上熄燈前，我倆躺在吊舖都聊一會兒天。

二〇〇八年五月一五日上海歐美同學會留英海軍分會舉辦了「重慶艦接艦六十週年紀念大會」，我應邀作了「台灣的過去、現在和未來的展望」的演講，當大會主席胡步州同學宣布這是最後一次聚會時，大家心中淒然，因為大家都已年過八十，外地同學舟車勞頓來上海聚會都已走不動了，還有熱心的同學會辦事人員亦因年邁，無力再辦理這二、三百人的大會。

因此，上海歐美同學會留英海軍分會在二〇〇八年的五月十五日最後一次聚會時，吹响了熄燈號。

當年在英國「榮譽號」戰艦受訓時的上海三人幫中，陸浩奇與陳耀棟已在多年前病故，遙想當年我又瘦又小，陸和陳兩位同學都是肌肉發達一副狠腳色的樣子，他們卻先我離世，回首往事，不勝感慨。

寫於二〇一二年元月六日

追憶逝水年華

民國三十七年（一九四八年）八月十三日，我隨「重慶艦」自英國駛抵吳淞口，並於八月十四日抵達南京，泊於下關水域，當時海軍總司令桂永清蒞艦校閱，非常滿意。九月中旬海軍總部通知，「重慶艦」可以保送八名士兵，參加剛於全國十個地區招考的海軍軍官學校四十一年班就讀。我考取了榜末第八名，並於十月初赴青島進入海軍官校就讀。當時錄取的同學，依次為鄧介南、陸樹源、江相熙、余天祥、李昌民、詹克鋤、王安定和仉家彪，如今陸、王兩位已離世，江於一九七〇年代在美失去聯絡，余現居美國，僅鄧、李、詹、仉在台灣。

我們重慶艦八人，當年於十月初乘商輪從上海啟程，抵達青島向學校報到時，四十一年班同學正在操場出操，我們從卡車上將行李搬下來後，即由鄧介南同學率領，以英國式的步伐齊步走向學生總隊第三大隊部報到，當我們穿著英國水兵服及水兵帽齊步走時，令初入海軍正在出操的同學們覺得好奇。

我們在青島上課時，是採小班制，每班二十多人。我坐在中間的第二排，前面是李炎熙，後面是傅鴻文，何炳銳是班長，坐在最後一排。晚自修時，李炎熙常回頭與我說話，傅鴻文在後面常用鉛筆戳我的背，要我回頭與他說話，何炳銳會警告我們：「不要講話」。傅鴻文不幸已於民國五十四年中在馬祖因公殉職，李炎熙同學則於民國九十八年十月中病故。當年傅鴻文與我曾於民國五〇年代初期，同在國防部上班，我在聯絡局（已結婚），他在作戰次長室（未婚），同在二樓上班。他當時正在泡蜜絲，有時他會來我的辦公室，將他寫好的「情話稿」，用他低沉渾厚的京片子，先對我練習一遍，那真是動聽極了。他的女友可說是秀外慧中，也在國防部上班，當時她剛學會打麻將，興趣很大，所以我常安排牌局邀請他們來家打個小牌。傅鴻文殉職時，我已派赴美國工作，噩耗傳來，不勝悲痛。

李炎熙的一生相當富傳奇性。他小個子，講話激動時，兩個眼珠不停地往上翻，祇見眼白。民國四十六年我和希瑛結婚後，先住在左營建業新村的緯六路，當時湯紹文在艦訓部擔任王恩華司令的侍從官，李炎熙則在設於左營軍區司令部的海軍總部交際科工作。他們兩人常在高雄看完電影後，騎車至我家敲門，此時已過了十一點，我們已經上床睡覺，只得開門納客，陪他們聊天。

民國四十七年，我在兩棲部隊司令部作戰處擔任作戰官，主管轄屬海灘總隊的業務，其時李炎熙恰好擔任海灘總隊作戰組的作戰官，不久我就發現許多下達給海灘總隊的公文未有回覆，我以電話問他，他均答以不清楚；有時我只得走到他的辦公室查詢，未料他打開抽屜說：「都在這裡」。天哪！一大堆公文都未作覆、也未登錄。一天，海灘總隊陳振夫總隊長來作戰處，氣急敗壞的找我說，李炎熙要打行政組的組長，我趕快跑去，看到他在行政組組長辦公室外面，叉著腰大叫大吼，要組長滾出來揍他。我只好抱著他拉至小吃部，為他消氣，並告訴他，他行政組長是少校，你是上尉，你打長官是要軍法審判坐牢的。

陳振夫總隊長是老好人，他是四十一年班在校最後一年時的學生大隊長，對我們很有感情。他問我如何處理李炎熙？我說：「斬草除根，我會設法將他調去台北。」但也懇求陳總隊長不要處分他。嗣後我請在台北總部工作的大舅子張新明幫忙，將李炎熙調去台北工作。不久，李炎熙調到海軍總部計劃副參謀長室計劃組工作，之後經由總統府的浙江老鄉協助，辦理退役。

李炎熙退役後，在萬噸貨輪及油輪工作許多年，從三副、二副、大副升至船長，因長年在海上工作累出胃疾，後經王永濤同學擔任行政副院長的中山醫院治療，才得痊癒。遺憾的是他的婚姻失敗，因為他的前女友孫步霏是香港來台灣讀書的上海小姐，相當聰明秀麗；因此他們分手後，他決心要找一位漂亮的女子結婚，豈料找到的女子是為了他的錢財嫁他，終於不多久就離婚了。李炎熙雖然損失了一些金錢，但仍保持住了元氣。他從航業界退休後，常住台北及大陸兩地，過了一段瀟灑的日子，此期間王永濤與我常與他保持見面。

民國九十八年十月間，李炎熙同學在台北寓所過世，但他並不知道與他曾經相愛過的孫步霏女士，卻在同年五月間先他而離世。

李炎熙曾派在澎湖防衛司令部擔任海軍聯絡官，每天晚上陪當時的防衛司令部長官胡宗南上將打橋牌，因為他們都是浙江人，深得胡將軍的愛護，而他也因此得走出了情傷。離開台北時，他將一箱孫步霏的情書交給我保管，我不久就將此箱情書丟進垃圾箱中，而他也從未向我提此箱情書之事。

俱往矣！大江東去，浪濤盡千古風流人物，早年我的死黨湯紹文、徐咏濃、傅鴻文及李炎熙，均先後過世，回憶歷歷悲喜往事，情何以堪啊！

寫於二〇一二年元月十日

一九四九國軍撤退台灣經歷的回顧

前《中國時報》主筆，曾任美國中報總編輯的林博文先生，在他所著的《一九四九浪濤盡英雄人物》（二〇一一年時報文化出版）一書中說道：

一九四九年是翻天覆地的一年。

中國大陸易手，毛澤東和共產黨造反成功，把蔣介石的正統政府及國民黨逐出大陸。國民黨稱大陸「淪陷」，中共則曰「解放」。無數人的生命受到一九四九動亂的影響，東西戰略趨勢隨之丕變，美國介入中國事務日益加深。

然而，「無限江山，別時容易見時難」，蔣氏父子未能重回故土，寶島遺壯志，「缺憾」只能「還諸天地」。反諷的是，蔣介石雖失去大陸，卻和蔣經國留名台灣，在開明專制的統治下，把台灣建設成一個迥異於鬥爭掛帥、動亂頻仍的極權大陸。

二十世紀中國出了不少世界級的人物，但沒有一個知名度、傳奇性、影響力和個人威權能與毛澤東相比。「東方紅，太陽升，中國出了一個毛澤東」，這首頌詞所蘊涵的，不僅是中國人的驕傲與尊嚴，更是千千萬萬人的血淚與災難。毛澤東完成了孫中山與蔣介石所未能完成的神州統一和脫離帝國主義桎梏的夢想，他在一九四九年十月一日於天安門城樓上高呼，「中國人民站起來了」，但在他的鐵腕掌控下，中國人民卻倒下去了，一陣陣的運動，一波波的鬥爭，老毛從人民英雄變成了哲學家皇帝，從理想主義革命家淪為殘民以逞的大獨夫。

一九四八年，是國內政治、軍事、經濟，以及社會變化最大的一年，不僅是東北整個地區軍事失利，以及政權快速轉移，連北方其他各省，如山東、河北、河南等地，也都相繼移手。當時北方具有戰略要地的北平及徐州等地，也已變成了孤城，在國民經濟和社會秩序方面，也是快速瀕於崩潰邊緣，幣制變值，人心不安，民間及各階層的生活十分艱苦。因此在各大城市中，到處可以看到從戰區逃出的難民。遠從北方各地來的青年學生，正向徐州及江南各主要城市集中，並要求政府的救助與安置就學或就業。

據經濟部老友李顯兄說，他就是流亡學生之一，那時候集中在徐州各戰地的青年學生，以山東省的較多，其次是河南省及江蘇省的蘇北地區。當時的南京中央政府教育部門，為了協助這些飽經戰火洗禮的學生，能在較安定的江南各省就學，特別在徐州市設立工作站，專門收容、安排這些學生到江南各地就學。

當時鐵路運輸，一路上要讓軍用列車先行，流亡學生們在老師的指導下，編成許多小隊，由老師們帶領登上流亡學生的專車，可是火車廂的頂上及底部卻都擠滿了逃離的人群。衣衫襤褸，面有飢色的難民們或爬上車廂頂上，或用麻繩把自己牢牢的綁掛在車廂底部。

李顯兄這批流亡學生搭乘的火車，到了南京後，由教育部安排搭乘火車駛往杭州的長安鎮，就讀教育部專為山東省設立的第一個聯合中學，及設在江西省，湖南省的第三、四、五聯合中學等，總人數約有萬人之多。

據李顯兄說，學校真正上課的日子才沒幾天，上海保衛戰就發生了，政府也開始採取應變措施，要求學校往江西、湖南撤退。山東第一聯合中學生再度搭乘火車到了湖南衡陽市。由於學校很難復學，於是，他們十多個同學參加了當時政府單位所辦的幹部訓練班的招生考試，錄取後和其他一起錄取的學生共二百多人在地集合待命，然後搭乘粵漢鐵路到廣州待命。兩星期後，他們獲准搭乘招商局的「海湘輪」駛往台灣。

相比之下，海軍撤退就幸運多了，一九四八年九月中我考進海軍軍官學校四十一年班（一九五二年級），赴青島就學，一九四九年二月中，因濟南失守後，共軍已逼近青島外圍，當年海軍總部指定「中訓」，「中練」兩艘大型戰車登陸艦（LST）受海軍官校管轄，故全校師生及眷屬共七百多人，連同教科書及教室桌椅，一起撤退至廈門。半年後，福州失守，共軍逼近廈門，海軍官校遂於一九四九年八月中再度遷移至台灣南部左營海軍基地。

然而，中國傳統重視教育，無論是搬遷至廈門或再遷至台灣左營海軍基地，海軍官校都能在短時間內恢復上課。由於官校學生在四年學習課程中的第一學年及第二學年都是理工科，因此我們的校址必須選在大學附近地區。我們在青島上課時，由山東大學教授來擔任理工科的教學，遷至廈門後則邀聘廈門大學教授來教課，最後遷至台灣南部左營時，則聘請台南工學院教授（現已擴大為國立成功大學）授課；其中山東大學祝椙教授及趙良五教授分別講授「球三角」與「微積分」，他們爾後隨海軍官校遷至廈門及台灣左營，繼續在海軍官校講課，以迄退休為止。祝椙的山東腔英文及趙良五的湖南英文深印在我們學生腦海中，早年我們老同學相聚聊起當年趣事，提起祝椙及趙良五老師時，心中充滿了感恩。

還有當年在左營教我們材料力學的王老師是六十多歲的前山西大學校長，完全是一副黃土高原上土老兒的模樣，但一開口說出的英文，則是標準倫敦腔的英語，原來他是前清時代派去英國讀中學及大學的童子學生；更有趣的是我們英文老師，長得高瘦，穿著空軍中校軍服很是帥氣，他是屏東空軍參謀大學的教授，說得一口美式英語，但一開口說中文，則是標準的河南土話。我們的電機老師張教授是留德博士，他的服裝最為一絲不苟，穿上畢挺的長袖白襯衫，還要打上黑色領帶，在台灣南部的高溫下，渾汗如雨，以德國腔的英語對我們講課。

還有上海腔的物理教授，福州腔的航海老師與輪機老師，安徽腔的國文老師。他們都愛護學生如自己子弟，處在那個時代的離開故土和親屬，流浪到台灣的海軍官校學生們，都能在他們諄諄教導及叮嚀之下長大，成為海軍軍官。爾後參加海峽中的各次戰役，有些人離開海軍後出國留學，有些人中年後轉至商船服務，有些人像我一樣轉至文官系統發展。

海軍官校四十一年班畢業時共一百八十五人，除了早期在海上殉職或病故外，我們四十一年班同學中，出了十四位將軍，其中一位是海軍上將莊銘耀總司令。

寫於二〇一二年元月二十日

那些年我們一起泡蜜絲

民國四十三年至四十五年中，我在剛成立的兩棲訓練司令部登陸小艇組擔任中尉教官，此期間我們先後在美國受訓的海軍同學，聚集在簡陋的木造營房，編撰講義、設計上課圖表及兵棋推演設備。當年我們都是未婚的上、中尉教官，可說是冠蓋雲集，計有：劉和謙上尉（海軍官校三十六年班，曾任海軍總司令及國防部參謀總長）、倪其祥上尉（三十六年班）、張俊民上尉（三十七年班）、王藹如上尉（三十八年班）、徐廉生上尉（三十八年班）、董坤戴中尉（三十九年班）、黃种雄中尉（四十年班）、劉蔚文中尉（四十年班）、王亮初中尉（四十年班）、余時俊中尉（四十年班）、李錫球中尉（四十年班）、隋樹松中尉（四十年班）、曲衍柄中尉（四十一年班）、劉丕穎中尉（四十一年班）及仉家彪中尉（四十一年班）等共計十五位兩棲作戰專業教官。

當年兩訓部的成立時間非常倉促，一切都很簡陋，臥室是四人一間，洗臉浴室是公用的，晚上洗澡是冷水浴，大家裸裎以對，無分階級高低。平日下班後及週末假期，大多數人都去左營軍區大門外的左營街上泡茶館，打彈子，或是去高雄市看電影。星期六晚上，四海一家軍官俱樂部則有舞會，但是軍區內男多女少，大家只好向高雄市發展，然而那個年代尚無計程車，故自高雄搭公車攜帶舞伴進入軍區四海一家跳舞實在太辛苦。記得，當年我們一夥愛玩的年輕教官是以通信組主任教官王藹如學長為共主。他個子不高，但左嘴角吊著一個煙嘴與我們談笑風生，很有派頭。那時節高雄一帶的少女們很是嚮往四海一家，但她們的姑姑和嫂子們也想開開眼界，所以我們必須邀請老、中、青三代一起去四海一家跳舞。舞會之後送走舞伴回到宿舍通常已過午夜，但大夥兒還是興奮之情未褪，在宿舍內開檢討會，批評某人太過分，專挑年輕漂亮女孩跳舞，不管阿姑、阿嫂。我因為女友在台北，常坐在阿姑和阿嫂身邊，陪她們聊天或看舞池中男女起舞弄倩影。有時候音樂轉為慢四步時，燈光暗淡下來，那些青年軍官趁勢將舞伴摟緊一些，阿姑阿嫂們會掩嘴驚叫，或是笑得花枝招展。好可愛噢！

當年第一任兩棲部隊司令梁序昭中將很是開明，會在家中舉行舞會，邀請軍區中海軍將領的女兒或小輩和我們這一批年輕教官去他的官舍跳舞。我似乎記得劉和謙學長和董坤戴學長都是在梁家舞會中認識後來的劉大嫂和董大嫂。梁司令慈眉笑顏，挺著胖胖的大肚子，有點像彌勒佛；兩棲訓練司令馮啟聰少將很愛才，表面上嚴肅，但心很軟。記得我們當年開班授課，每在結業之後會有兩週以上休息時間，整理及檢討授課內容。當年軍中尚未建立休假制度，我因女友在台北，所以停課時會打報告請假一週赴台北探親。有一次，馮司令故意板著臉對我說七天太多了，只准我三天假期，然後將批准過的假條交給洩氣的我，但出了門一看，馮公在假條上竟批了一個「可」字，讓我樂得差點大笑出來。

最不上道的是第二任兩棲訓練司令黃震白少將，他是一個矮個子，一天到晚橫眉豎眼，操著一口四川話打官腔，而且常在星期一早晨八點上班時間，來到我們的宿舍，掀開我們上午無課仍在賴床的年輕軍官的蚊帳，並大吼：「還不起來」！我們都討厭他，給他取了一個扯話：「黃牛」。民國四十五年中，我們都紛紛派調艦艇工作，從此再無機會大家像當年一樣共聚一堂。民國四十七年發生的八二三金門砲戰中，我們這批兩棲作戰專業教官，都分別在國防部、海軍總部、兩棲部隊司令部及金門防衛部發揮了專業素養，作出了很大的貢獻。

最有趣的是，當年我們大家集體翻譯了美軍兩棲作戰教令，稿酬不算太多，大家決定去高雄市唯一的涮羊肉餐廳，結果大家都吃撐了，不能躺平在床上，只得圍坐在兩張床上大吹其牛。

啊！那些年我們都是一群好弟兄！

啊！那些年我們都在一起泡蜜絲！
啊！那些年我們都只是二十五、六、七歲的少年郎！

寫於二〇一二年元月二十八日

追憶八二三金門砲戰

民國四十七年（一九五八年）八月二十三日黃昏，金門對岸共軍突然向我金門大二膽、烈嶼、金門本島島群，全面進行猛烈之砲擊，在不到二小時內，發彈共五萬七千餘發，當時料羅灣水面及海灘，均在敵岸砲火交叉網下，使我海軍運輸艦船雖衝入港區搶灘，但下卸工作仍難以實施，以致初期以中型登陸艦（LSM）及機械登陸艦艇（LCM）輪番運補，均徒勞無功。此時，金門當地軍品存量日稀，若短期內局面未能改善，則補給不繼，金門安全堪慮。

民國四十七年九月二日，海軍副總司令兼「六二特遣部隊指揮官」黎玉璽中將，會見美軍顧問團海軍組組長畢立定上校，及美國台灣協防司令部彼得遜上校，進一步研商後，決定了即時可以實施的四點辦法：

（一）海軍以中型登陸艦（LSM）及戰車登陸艦（LST）數艘分為兩組，輪番駛往金門運補。

（二）登陸搶灘下卸。

（三）搶灘時間晝夜皆可實行。

（四）運補計劃完成後，於行動前十二小時，送達彼得遜上校處，以便安排美軍之掩護，但直接護航仍由我海軍自力擔任。

原則決定後，美國海軍第七艦隊於九月七日，主動宣布在台灣海峽巡邏。嗣後，我海軍與美海軍幾經協商，遂策定「閃電計畫」，對金門前線進行運補工作。

九月八日，我海軍在執行第二梯次「閃電」運補計劃時，「美樂號」中型登陸艦中彈沉沒，另「美珍艦」亦受共軍猛烈砲火所阻，僅卸下一百噸物資。有鑑於金門搶灘運補行動，對於鼓舞官兵士氣，實具重大影響，經海軍副總司令黎玉璽向梁序昭總司令請示，並與美軍顧問團海軍組長畢立定上校幾經磋商，決定除繼續以美字號中型登陸艦執行搶灘運補外，並以兩棲登陸作戰方式，使用戰車登陸艦（ＬＳＴ），裝載海軍陸戰隊的登陸運輸車（ＬＶＴ），由ＬＶＴ裝載戰備物資，當ＬＳＴ抵達泊地後，於距離登陸海灘三千碼至五千碼之處，ＬＶＴ以舟波方式運動登陸後，迅速進入掩體，確保物資運至金門。

民國四十七年九月十二日，中美高級將領在澎湖舉行會議，美國台灣協防部司令史慕德中將建議使用兩棲作戰艦岸運動方式，以戰車登陸艦裝載LVT對金門作全面運補。會後海軍副總司令黎玉璽中將與美方代表第七艦隊所屬七二機動艦隊司令勃萊克彭少將，及美軍顧問團海軍組長畢立定上校先後交換意見，認為兩棲運補的計劃裝載與下卸的執行，應由兩棲部隊司令馮啟聰中將編組六五特遣部隊。

九月十六日，受命專職執行金門兩棲運補之「六五特遣部隊」成立，並頒佈「鴻運作戰」計劃，由兩棲部隊司令馮啟聰中將兼任「六五特遣部隊」指揮官，繼續執行原來的「閃電計畫」。此時筆者正在兩棲部隊司令部作戰處擔任上尉作戰官，受命草擬及執行運補計劃，並曾多次赴戰地與金門防衛司令部幕僚協商，及解決有關運補遭遇的各項問題。當時本班（海軍官校四十一年班）同學佟澤勛上尉擔任海軍金門雷達站站長，曲衍枬同學擔任金門的灘勤中隊長，他們有幸能在砲火中倖存，但是佟同學已於多年前癌症去世。曲同學住在台北，已患失憶症。同時期在兩棲部隊任職參加金門砲戰的劉丕穎同學已於巴西去世，王會儒同學已於紐約去世。

筆者於民國四十二年（一九五三）底考取留美在加州聖地牙哥海軍兩棲作戰訓練基地，專攻登陸小艇搶灘及救難作業，以及艦岸運動的控制等。返國後在剛設立的海軍兩棲訓練司令部登陸小艇組擔任中尉教官，除在教室授課外，並與同在美國受訓高我一班的余時俊中尉，率領兩棲部隊的小艇大隊官兵，駕駛登陸小艇在左營港外桃子園海灘，操練搶灘技術及救難作業。爾後並又操練海軍陸戰隊的LVT，如何從裝載它們的戰車登陸艦（LST）艦首開啟的大門，駛入海中編隊，航向指定的海灘搶灘登陸，下卸人員及裝備。

金門運補下卸工作，自改用LVT泛水實施艦岸運動搶灘直入內陸之方式後，對突破敵砲火對鎖，維持金門地區的補給，有歷史性之貢獻。當年副總司令黎玉璽將軍在其回憶錄中曾評論說：

為實施『閃電計劃』及『鴻運計劃』，我海軍艦隊及海軍陸戰隊登陸戰車部隊忠勇奮發，百戰不怠，圓滿達成支援作戰任務，至堪嘉許。尤以海軍陸戰隊登陸運輸車（LVT）營全體官兵，在驚濤駭浪硝煙彈火中，突破『水際』及『灘岸』敵人密集砲火之封鎖，到達卸載部隊及裝備較適之處，使我金門地區軍需民食無礙匱乏，彈械器材源源補給，使金門前線防衛愈加鞏固。……

「鴻運計劃」的執行，共分五個階級實施：

（一）鴻運第一階段（九月十八日至十月五日）：本階段前後計實施十八梯次，實際

LVT完成下卸十個梯次，下卸軍品三千六百餘噸。

（二）鴻運第二階段（十月六日至十月十三日）：利用中共停火一週，於一週內運補物資二萬二千餘噸。

（三）鴻運第三階段（十月十三日至十月二十日）：十月十三日，中共宣布繼續停火兩週，我方利用停火期間，每天運補一梯次，戰車登陸艦（LST）均各裝十七輛LVT，運補物資三千餘噸。至十月二十日下午十六時，中共恢復砲擊。

（四）鴻運第四階段（十月二十日至十一月一日）：十月二十日中共恢復砲擊金門後，繼而宣布「雙日不砲擊金門」。我海軍利用雙日停火搶灘運補，但未動用LVT。

（五）鴻運第五階段（十一月十一日至十二月三十一日）：十一月十一日中共取消雙日停火起，國軍一方面恢復採取第一階段LVT艦岸運動運補方式，一方面仍以戰車登陸艦裝載軍品於雙日搶灘，至十二月三十日共實施十六個梯次，卸下軍品六萬八千八百五十八噸。

國軍在執行「鴻運計劃」之同時，為加強金門駐軍之火力，以實施有效之反砲戰，以陸軍第一軍第六〇七砲兵營，換裝美援之八吋榴彈砲，用以摧毀共軍對金門地區之孤立攻勢，中美海軍經磋商研討，策定「轟雷計劃」，由中美海軍艦艇協力將火砲、彈藥及人員，運往金門。海軍陸戰隊登陸運輸車營則奉命令執行「轟雷計劃」。

自民國四十七年九月十八日至九月二十七日止，「轟雷計劃」實施了三個梯次，新到的美援八吋榴彈砲威力強大，在反砲戰時，不但壓制了中共的砲火，而且射程可以打到廈門市區。因此，「轟雷計劃」之實施，使我金門反砲戰威力倍增，給予共軍嚴重的打擊，締造八二三台海戰役之勝利契機。

民國四十八年（一九五九）起，共軍的砲彈均打到無人地帶，民國五十年（一九六一），中共中央再命令福建共軍停止實彈射擊，只打宣傳彈，直至民國六十八年（一九七九），中共與美國建交，中共人大常委會委員長葉劍英發表「告台灣同胞書」，宣布停止砲擊大、小金門島嶼。

半個多世紀以後，回顧金門砲戰的經歷與歷史意義，我深有髀肉復生之感慨，深切悼念在這場一面倒的砲轟戰役中傷亡的戰友們。

寫於二〇一三年元月

後註：此篇文章的海軍部分，係憑作者親身經歷及有關的海軍史料。海軍陸戰隊部分，係依據民國九十九年（二〇一〇）國防部史政編譯室出版的《中華民國海軍陸戰隊發展史》。

動盪的一九六〇年代

我於一九六一年春考取國防部連絡局，調往台北工作，離開了單調的南部左營海軍基地，開始生活在多采多姿的台北花花世界。連絡局的同事可稱為三軍中的精英，大家都很珍惜這一份外事工作，因為與美國顧問團的美軍軍官打交道，擴張了我們的視野，爾後我被調至局長室工作，常與顧問團團長室的美軍年輕軍官來往，建立了密切的工作關係和珍貴的友誼。最重要的是對美國人的性格與思想行為有了進一步的理解。

一九六一年一月二十日上午四十三歲的甘迺迪總統向全世界宣稱：「火炬已傳遞給新一代的美國人」，一千個日子以後，一九六三年十一月二十二日下午，達拉斯的槍聲結束了他四十六歲的生命。

一九六八年是美國近代史上的多事之秋，一九六八年四月初黑人民權運動領袖馬丁、路德、金恩牧師，在田納西州孟斐斯被殺，一九六八年角逐民主黨總院候選人，提名的羅伯特、甘迺廸於六月初在洛杉磯被殺，美國國內反越戰運動在各大學園中如火如荼，為歷史上所僅見。此外黑人在一百一十個城市以激烈手段破壞法律與秩序，造成三十九人死亡及數千人受傷，其中以華盛頓市內黑人集居的商業大街十四街大火焚燒及打劫最為猛烈。

一九六〇年代初，紐約時報名記者大衛、霍伯斯坦先後於一九六二及一九六三年被派赴西貢採訪越戰，他直言美軍不可能打贏越戰，一九七二年霍伯斯推出描述美國如何捲入越戰的巨著《出類拔萃的一群》（The Best And Brightest），轟動一時，當年我也在台北中山北路專賣翻版外文書籍的書店購得原文書細讀，至感震撼。他描述在美國駐越南大使館的外交官對介入越戰感到憂心，但是西點軍校畢業的上校武官則大言不慚地說：「給我們一個任務，我們一定會完成它」，結果是一九七五年四月三十日，美軍撤出越南，越戰歷時十四年，是第二次世界大戰以後持續最長，最激烈的大規模戰爭。

一九六〇年代後期，美國年輕人因為反越戰，演進為反政府反傳統，甚至高喊：「你不可信任任何三十歲以上的人」，著名的加州柏克萊大學開啟了罷課、示威及包圍學校辦公大樓等激烈學生運動，不久就似野火般地蔓延至全國大學。華盛頓則是學生萬人包圍五角大廈國防部，要求停止越戰。

一九六六年五月中國大陸掀起了一場世無前例的無產階級文化大革命，令全世界為之震撼。毛澤東為什麼在反右鬥爭（一九五七）、三面紅旗（大躍進、土法煉鋼、人民公社一九五八－一九六〇年）之後，又喪心病狂地發動群眾運動，使中國陷入大混亂狀態？

文革十年（一九六六－一九七六）對中國大陸所造成的世紀性傷害，多年來一直是自由世界傾力研究的課程，文革使大陸失落了數十年。在「除四舊、立四新」的盲動下，多少知識分子和學者被打入深淵地獄；多少歷史文物遭到無可彌補的破壞和銷毀；多少家庭破滅，多少年輕人被糟蹋。它的後遺症是導致年輕人不再相信共產黨，不再服從權威；三十年來中國大陸的致富思想和拜金主義，使老中青三代忘卻了過去的苦難，努力向「錢」看。

中共官方雖發表了譴責文革的決議，歷經文革浪潮的人也出版了不少回憶文章，有關文革的檔案和記錄仍被列為機密文件，不准開放，只要這批材料一天不公開，則文革的另一層黑暗面就無從攤在陽光下照射。

一九六八年越戰節節升高，五十多萬美國子弟派赴戰場，但毫無勝利的跡象，大批美國記者在越南採訪戰爭，美國人每天在電視上看到戰爭的真面目，於是年輕人開始反戰，當眾焚燒徵兵卡，他們不願死在異域，不願為腐敗的西貢政府做砲灰，他們在全美各地和校園裡進行反戰活動，當年我在馬里蘭大學夜間部選課，親眼在校區內看到這些景像。

一九六八年如同一陣強烈無比的海嘯，在一九六九年繼續震撼美國。排山倒海而來的騷亂，使美國社會發生重大的變遷和分裂。

一九六九年的夏天，幾位有心人士在紐約上州胡士托小鎮舉辦三天音樂會，試圖以音樂的旋律來平息紛爭和怒火，四十餘萬男女青年蜂擁至胡士托附近的貝瑟（Bethel）草原，在草地上聆聽流行歌手和樂隊輪番演奏，這是另一個世界！有的吸毒、有的做愛、有的打坐、有的發呆。

胡士托就好像一面鏡子一樣，年輕的一代在「鏡子」中看到了自己，找到了自我。「胡士托」反文化、反權威、反社會、反制度，他們需要覓回自我和永恆，胡士托是一種現象，它使反戰的一代認識到真正的和平、友愛與容忍，容忍不同的種族、膚色和性別，容忍不同意見、不同思想和不同看法的人。

在六〇年代即將步入尾聲的時候，出現了胡士托，這是歷史的必然，憤怒的一代在經過漫長的掙扎、苦悶和挫折以後，終於在胡士托找到了力量和方向。

胡士托象徵一個時代的結束和另一個時代的開始。

寫於二〇一三年二月

後註：本文參考台北時報文化出版《悸動的六〇年代》林博文著。

謀國老臣孫運璿院長

民國五十九年（一九七〇），我在海軍總部擔任外事聯絡室主任。當時經濟部陶聲洋部長的機要秘書嚴孝京女士，曾與我在國防部聯絡局局長室同事，她與我商量調我去經濟部擔任陶聲洋英文秘書兼辦國際合作事宜。海軍總司令馮啟聰上將鑒於我海上艦艇職務不足，海軍發展有限，故放我一馬，讓我轉往經濟部任職。遺憾的是，陶部長因腸癌突發而去世，行政院調交通部長孫運璿部長接任，孫公不帶一個人上任，因此我辦好外職停役手續，向經濟部報到後就以顧問名義擔任孫部長的英文秘書。

孫公為山東人，屬帥哥型，高個子，威而不嚴，英文流利。當年，我國與韓國、泰國、馬來西亞、澳大利亞等國定期舉行部長級的雙邊經濟合作會議。我在貿易組協助國貿局長或副局長主持的貿易談判，並負責撰擬孫部長在大會發表的開幕詞及閉幕詞的英文稿翻譯工作，常須加班至深夜，很是辛苦，但也加深了我對經貿業務的認識，可說是苦學苦練，現學現賣。

孫公工作雖然繁忙，但閱讀公文很是仔細。當年主管貿易的汪彝定次長屬才子型，頗有氣魄，許多國外來函，他會批「函復」，我遂以他的名義撰寫英文函稿發出。有一次對方來函討論的層次升高，汪次長僅簽名續呈部長。孫公召見我並不悅地指著我所附上的前案稿件，問我為何他未曾見過前案。我指出前案原稿上汪次長所批的「函復」，他老兄皺著眉頭說，以後汪次長批復的英文函稿，仍要先送呈他一閱。嗣後每次汪次長批復的英文函稿，我擬好後都親自先呈閱孫部長，他閱後也從未有意見要修改。我懂得他祇是要凡事掌握狀況的心理。可以說孫公也是一個勞碌命。

後來他升任行政院長，挑選了主管工業的老好人張光世次長接任部長，這一著棋經濟部同仁都不覺得奇怪，因為張次長聽話，他的專業是石化工業。因此，孫公主掌經濟部九年中，每年都以百分之十以上的經濟成長率，促使台灣經濟起飛，並且列為亞洲四小龍之首，其中以石化工業發展最為迅速。

孫公自一九六九年出掌經濟部連續九年，此乃歷任經濟部長在位最久者，貢獻最大者。他在施政上一方面照顧發展成熟的農業，另一方面積極提升技術，引進資金，加速發展工業，拓展外銷，使台灣經濟順利轉型。孫公主持經濟部期間，台灣面臨退出聯合國及石油危機等重大困境，幸孫公果斷因應，維持經濟穩定成長。任內更設立新竹科學園區及工業技術研究院，研發積體電路，使我國在電子工業的發展上，得與先進國家齊頭並進。

一九七八年六月，孫公出任行政院長，上任未及半年即遭逢中（台）美斷交之巨大衝擊。孫公督導我方與美方的談判，打開僵局促成美國國會通過《台灣關係法》，確立台美實質關係不變。中（台）美斷交後，孫公在蔣經國先生向全國人民呼籲的「莊敬自強，處變不驚」的口號下，率全國軍公教人員，戮力推動國家建設，在政治、經濟、國防、科技及外交方面，均有顯著之進展，並於任內開放人民出國觀光，並完成選舉罷免法、國家賠償法等重大法案。

孫公於一九八七年二月二十四日凌晨，因公務過勞而腦溢血，導致半身不遂。他五月十五日率閣員總辭。孫公揮別政壇後，十九年來，以堅毅之精神，幾乎每日忍受痛楚，復健不輟。

二〇〇六年二月十五日，孫公因心肌梗塞辭世，享壽九十三歲。孫公病逝，舉國哀悼，國人懷念他，不是因為他做過交通部長、經濟部長和行政院長，而是因為他對國家有重大貢獻——他「使台灣走上已開發國家之路」。為達成這個目標，他把自己累倒了，始終沒有再站起來，孫公安靜的走完他的一生，象徵了一個不受政治汙染的專業技術官僚時代的結束。

我記得一九七八年那個寒冬，孫運璿擔任行政院長不到半年，美國通知台灣，七個小時後將宣布與台灣斷交。但是在蔣經國之後，他是國家仰賴的第二位領導人，摒棄憤怒、失望，他忙著穿梭於立法院，告訴立委們，他對此危機一定負責到底，趕去主持外籍記者會，告訴世界各國，中華民國有不屈的決心，有應變的策略，他去支持工商界自強大會，工商界領袖們均自動前往參加。

孫院長的時代，因為不拼政治，只拼經濟，而使台灣成長，因為政經分離，讓專業技術官僚發揮所長，而創造了台灣奇蹟；因為專業技術官僚堅持專業，拒絕政治汙染風骨傲然，典型留傳至今。孫院長令人懷念的是那個時代，那個胼手胝足的情景，那些堅持的眼神，那些有人格、有靈魂的專業官僚！

寫於二〇一三年八月

英倫憶舊（一）

我曾在拙著《血歷史》一書中撰寫「英國皇家海軍的一員」，「英國人的人情味」及「英國皇家海軍的傳統」三章，記錄我於一九四七－一九四八年在英國皇家海軍受訓及接收英國贈與的巡洋艦「重慶號」歸國的經過詳情。

嗣後我於一九八〇－一九九三年服務於半官方的社團法人「中歐貿易促進會」，擔任副秘書長及秘書長期間，曾訪問英國多次，參加研討會和演講，介紹台灣市場及經貿發展潛力；因此在感情上我對英國人與英國社會具有一份特別的好感與深情的懷念。

記得是在一九四七年的四月初復活節假期，中國海軍六員年輕水兵被分配前往英國南部海濱勝地布恩茅斯（Bournemouth）度假。因為第二次世界大戰結束後中國已列為世界四大強國之一，以及英國人在傳統上敬重皇家海軍，因此，中國水兵穿著英國海軍制服出現在該市，引起當地市民及來此度假人士的注目。

爾後新聞記者亦來訪談，並蒙市長接見及攝影留念，令我們六員十八、九歲的中國水兵有受寵若驚的感覺。當年我的英語比較俐落，故市長接見與我握手時，就留下了珍貴的鏡頭，該時我虛歲十八歲，令我覺得已是一個大人了。

一九八〇年代我擔任經濟部國際貿易局的顧問，常隨蕭萬長局長訪問歐洲各國及談判雙邊貿易問題。有一次，英方主談人是一位中年爵士（Lord），很有氣派，談判中遇到僵局，蕭局長要我發言，我先說明我於一九四七年至一九四八年曾是皇家海軍的一員，深諳英國人的公正性格，令這位Lord肅然起敬，因此，氣氛也緩和不少。

我對英國人遵從法制的精神至為欽佩，這要追溯至一二一五年六月十五日，英格蘭一些貴族和教士逼迫國王簽署了《大憲章》，建立了法律至高無上的地位，其主要的精神是「王在法下」。是《大憲章》開始造就了「生而自由」的英國人，也是英國自由權利觀不同於其他民族之所在。

每個去過倫敦的遊客無不對它擁有眾多公園感到羨慕，公園雖多，但享有世界聲譽的無疑只有海德公園。其所以聞名天下，就因為有個可以任人發表演說的角落——「自由論壇」，允許人們站在裝肥皂的木箱上發表演說。從十九世紀中期開始，海德公園就成了英國勞動人民集會和遊行的地方，每當有大規模的示威遊行，參加者往往從全國各地趕到海德公園，集合列隊後再到市內主要街道遊行。其時，海德公園實際上是社會政治氣候的寒暑表。

英國在第二次世界大戰結束後，因戰爭中遭受嚴重破壞，戰後經濟凋敝，大部分糧食仰賴進口，故戰後仍繼續維持嚴格配給制度，衣、食、兩項全憑配給券購買、而且限量配給。我們在英國一年半從未見過鮮奶，只有孩童才有配給，從未喝過一杯咖啡，因為咖啡是進口奢侈品。水果更是有限，而且價格甚貴，香蕉之類熱帶水果從未見過。

二次大戰結束後邱吉爾和他的保守黨敗選，由工黨的阿特里接任為首相，他推動重大工業的國有化，走向社會主義的經濟制。當年有個笑話說，有一天阿特里在廁所左側小解，見到邱吉爾進入廁所走向右側小解，阿特里對他說：「Winston, you seem to be offhandish.」（溫斯頓，你似乎在躲避我），邱吉爾接著說：「Because every time you see something big, you want to nationalize it.」。（因為你每一次看到大的東西，你就要將它國有化）。

但是，英吉利民族在漫漫的歷史長河中，一直承傳著一種冷靜理智的求實精神，在惡劣的環境中不怨天、不怨人、只求助於自己的智慧和力量。因此，在英國的歷史中，第一位女皇伊利沙白一世，於一五八八年，指揮英國的艦隊以火攻衝進了西班牙無敵大艦隊同歸於盡，挽救了英國被西班牙佔領的危機。十九世紀的維多利亞女皇更以強大的英國海軍，在海外建立了無數的殖民地，令英國享有日不落國之稱，是謂「大英帝國盛世」（Pax

Britainnic）」。然而當英國在二十世紀後期國勢日衰，罷工潮迭起之時，保守黨黨魁柴契爾夫人罷平黨內各種勢力，自群雄中崛起，出任英國首相。

寫於二〇一三年八月

英倫憶舊（二）

前英國首相，素有「鐵娘子」稱的柴契爾夫人，於二〇一三年四月八日上午因再次中風與世長辭，享年八十七歲。柴契爾夫人於一九七九年至一九九〇擔任首相，是第一位也是迄今唯一任此職位的女性，她還是廿世紀在位最久的英國首相。

保守黨出身的柴契爾夫人自一九七九年起連續領導該黨贏得三次國會大選，她當政期間，成功壓制了各地風起雲湧的工潮，使英國社會和經濟逐漸恢復秩序和活力。

英格蘭北部林肯郡雜貨店家女兒出身柴契爾夫人，從一九七九年至一九九〇年間擔任首相，為英國二戰後在位最久的首相，出身和性別是她早年從政最大的障礙，但是她強硬和不說廢話的作風，很快的為自己在國內和國際上樹立起聲名，而被蘇聯媒體掛上「鐵娘子」封號。

部新局面。

但在擔任首相期間，她在財政上對英國政經社會，進行前所未有的大幅改革，推動國營事業私有化，促使英國走向市場經濟，迫使工黨放棄老舊的社會主義，開創了英國經濟的全部新局面。

已故柴契爾夫人與已故前美國總統雷根的執政時期接近，理念也接近，兩人交情甚篤，得到的支持與引發的爭議也相仿。經濟上的「新自由主義」與政治上的「新保守主義」是兩人共同的標誌，也成為八〇至九〇年代最盛行的路線。

柴契爾夫人從一九七九年至一九九〇年擔任首相，雷根的任期則是一九八一年至一九八九年。兩人都在國內經濟低迷時上台，也都不負眾望，不但提振了經濟，也提振了民心士氣，名垂青史。

一九八二年九月二十四日，中國領導人鄧小平與英國首相柴契爾夫人，在北京人民大會堂舉行歷史性會談，不但決定了十五年後香港主權回歸中國的政治命運，這也是柴契爾在首相任內最重要一次的外交談判。

柴契爾夫人曾於一九九二及一九九六年訪問台灣。

寫於二〇一三年八月

第二輯

回述外交過往

亞細亞的孤兒

一九七一年十月下旬，我擔任交通部觀光局的主任秘書，隨同觀光局曹嶽維局長，赴土耳其首都安卡拉參加國際觀光組織聯盟大會，自台北啟程，經過香港、希臘至安卡拉。當時我們在雅典轉機有半天侯機時間，曹局長與我特去我駐希臘大使館，拜會抗立武大使。我們在安卡拉參加大會期間，駐土耳其大使館特派一位參事，陪同我們出席大會。但在會期結束前的十月廿五日，突然聽到傳聞，中共已在聯合國大會中通過成為會員國，取代我們在聯合國的席位，令我們震驚不已，從此骨牌效應開始。

一九七二年中（台）日邦交也開始有點動搖，我奉曹公之命前往東京探聽虛實，以備適時作出因應之道，當時我分別拜訪我駐日本的各單位，如招商局、中國銀行和中央信託局等單位，請教他們對未來因應之道，他們表示前景不樂觀，正聽候台北的訓令。於是我立即打越洋電話給曹局長，建議立即派國際組組長陳瑞義兄來東京接任觀光局駐東京辦事處主任，以及立刻定製一塊「台灣觀光協會駐東京辦事處」的大招牌，儘快委托中華航空公司飛東京班機運來。台灣觀光協會是由台灣各大旅館及旅行社組成的民間社團，因此觀光局開風氣之先，順利地因應政府駐外單位改為民間名義的難題，建立了非官方的實質關係。因此，日本於一九七二年九月與中共建交與我斷交，觀光局換了一塊招牌，繼續在東京推廣日本人民來台觀光業務。

一九七四年春，我應外交部之邀出任我駐美大使館一等秘書，擔任大使館與美國國會的連繫工作，以爭取美國國會對中華民國的支持。抵達美國的第一站舊金山，與老友們相聚，豈料其中一位夫人竟然說道：「仉家彪真是天真，居然來美國作末代外交官」。

抵達華盛頓向駐美大使館報到開始工作後，我與一九六五－一九六八在行政院駐美採購團工作時的老友們聯繫，他們都是當年的台灣留美學生，有些還是公費生。老友們再聚時應該很高興，但是他們的立場變了，因為中共試爆了核彈，讓他們在美國人中頻添了不少自傲。在一次老友聚會中，一位女性興奮地讚美毛澤東，並批評老蔣總統好色。我反駁說，毛澤東更是好色。她說：「你好的不比，只比壞的」，我接著說：「原來毛澤東也是壞的」，當然大家不歡而散。從此以後，我就專心與美國國會人士交往，拼命去殺出一條血路來。

一九七二年中，美國總統尼克森訪問中國大陸，並簽署《上海公報》。一九七二年六月蔣經國出任行政院長，一九七三年十月發生全球第一次能源危機，一九七三年十二月蔣經國提出「十大建設計劃」，發展重工業及運輸和電力基礎設施，減緩了能源危機對台灣的衝擊。一九七四年政府發展半導體工業，加速台灣高科技工業發展，使台灣成為亞洲僅次於日本的工業國家。

一九七六年蔣經國當選為中華民國總統，臨危受命，台灣遂由「硬性威權體制」轉變為「軟性威權體制」。

一九七八年十二月十六日，美國總統卡特宣布美國承認中華人民共和國，並與中（台）華民國斷交，同時廢除美中（台）共同防禦條約。但是美國國會親中華民國人士非常不滿卡特的做法，於一九七九年初尋求替代方案，四月十日參、眾兩院通過《台灣關係法》。民主黨和共和黨人士一面倒的支持這項法案。眾議院以三百三十九票對五十票通過，參議院則是八十五對四票。

《台灣關係法》有兩個作用——試圖保證美國對台灣的軍事協防會繼續下去，與台灣的外交連繫，則維持一種高規格但表面上並不正式的高度。國會要求美國供給台灣的防禦性武器，無論質與量「必須讓台灣足以自保」。為了維持與台北的外交關係，該法還規定必須在台灣設立一個美國機構，除了名稱之外，功能與大使館完全相同。

美國與中華民國斷交後，雖然令中華民國人民感到沮喪，但是也促使台灣政府與人民認清國際現實，再接再厲，將全部精力集中於經濟發展，高科技的突破，以及政治走向完全民主化的境界。因此，台灣在一九八〇年代成為亞洲四小龍之首，外匯存底為世界第二僅次於日本。

當年台灣著名民歌作曲家及演唱人羅大佑常在電視上自彈自唱〈亞細亞的孤兒〉，唱出了那個時代台灣人民的心聲。

寫於二〇一三年八月

回望華府（一）

一九六五年我在國防部連絡局長室擔任連絡官時，胡旭光局長奉調華府，擔任行政院駐美採購團軍資組組長，他徵得海軍總部的同意，由國防部派令調至華府，擔任軍資組組員。

我的工作主要是處理軍資組與台北國防部往返函電，此外，我須辦理財務、譯電、總務、辦公大樓管理等一切雜務，以及與駐美大使館和武官處的連絡事宜，同事們戲稱我大總管，因為我並不經辦任何採購案件。

由於從小喜讀中外文學及歷史，我在華府三年期間，就讀州立馬里蘭大學夜間部自由選課，我選修了英文寫作六個學分，美國史十五個學分，美國政府三個學分，比較政府三個學分，國際法三個學分，共三十個學分，全部是大學本科的課程，紮紮實實地為自己奠定了英文寫作的根基，以及深入了解美國歷史和政治的研究，從此不但擴張了我的視野，更幫助我大膽走向往後人生各階段辛苦和曲折的歷程。

當年軍方派赴國外工作人員。除主官外，不准攜家人赴任，其主要原因是薪津微薄，不足以養家。另一個原因是擔心駐外軍人調返國內時，全家留在美國不歸，影響士氣，但是也有益處，那就是讓好學的駐美單身軍官有機會在夜校攻讀自己喜歡的課程。

當年駐美大使館同仁週末在家中作方城之戲時，常因三缺一而邀我前往雀戰。我還記得當時經濟組的胡祖望商務專員夫人Margaret在馬里蘭州大學教授中文，常在校園中相遇。有一次因三缺一邀我去他們府上作雀戰。她在洗牌聊天時對大家說：「仉先生是個讀書人」，令我受寵若驚，因為她是胡適的長媳也。

更有意思的是，有一天開了男女兩桌，剛好Margaret和胡祖望背對背，她在洗牌時回頭看祖望兄的牌，並指指點點，令祖望兄不耐道，妳打妳的牌，少來管我，她嗆聲說我偏要管你，令牌友們忍俊不已。

另外，曾擔任美國最後一任駐華大使司徒雷登的機要秘書傅涇波老先生也住在華府，我也偶爾被邀至傅府陪傅老太太打牌。傅老先生是滿族，皮膚白淨，身材瘦削，說一口好聽的京片子。記得有一次傅老太太心急，叮囑老爺子一些事，傅老先生慢吞吞幽幽地頂上一句：「老太太，您打完牌還要去哪裡呀？」老太太氣鼓鼓地對我們說：「他們旗人就是這個樣子！」原來老太太是東北的漢族。

當年因為是單身，常和在華府的台灣留美學生相聚，留學生最常談的是「兵變」，指在他們服兵役期間，女友與別人結婚。再就是大學畢業後，很多女生紛紛先去美國留學，而男生則必須服役兩年後才能出國留學。此時女友們因在美國求學與打工很辛苦，就與有美國居留權的中國老留學生匆匆結婚，其中有許多是家中老大，為了幫助弟妹們相繼來美留學，她們犧牲了自己的幸福。我的同班同學中就有兩位經歷了當年的「悲劇人生」，從此改變了他們的性格，令人感嘆！

當然，這都是特定時代所引發的悲劇，因為一九四九年隨政府撤退來台的軍校學生及大學生，大多無親人在台，因此，男女青年不成比例，男生唯一的盼望是希望與相戀多年的女友結婚成家，從此脫離孤獨的單身生活，和減少想念大陸家人的痛苦。

容我用文藝腔來總結我們這一代人的傷痛經歷，那是「大時代的悲劇」！

寫於二〇一三年九月

回望華府（二）

一九七三年秋季，老長官胡旭將軍自行政院駐美採購團軍資組長奉調至駐美大使館擔任公使銜國會組長，趁返國之便，與我商量調我去駐美大使館國會工作，由他負責對參眾兩院議員的連繫工作，我負責對國會助理的工作。當時我在交通部觀光局擔任主任秘書，興致勃勃地與一批年輕公務員努力開拓台灣的觀光資源和爭取國外遊客來台觀光，我還記得當年和國際組陳瑞義組長策劃了一個「四路出兵」計劃，邀集台灣觀光協會、旅行業公會及五星級的旅館，組織了赴美、日、歐及紐澳的四個訪問團，工作上有很有成就感。因此，我有些猶豫，但念及老長官當年對我的栽培，我只得答應下來，調往駐美大使館擔任一等秘書，爾後並升任參事。

我是一九七四年四月赴駐美大使館工作，一九七八年四月自請調返台北，辦理退休，由於一九七二年中美國總統尼克森訪問大陸，一九七三年二月美國與中共互設聯絡辦事處，因此中（台）美外交關係進入微妙不穩狀態，迫使我在一九七四－一九七八這四年在大使館工作時，可以說是全力衝刺，積極建立與參院的外交委員會和眾院的國際事務委員會的議員首席助理及立法助理們的工作關係。當時工作重點是邀請這些有影響的助理，組團訪問中華民國，由我全程陪同，每一次旅程約十來天，我與國會助理們朝夕相處，培養了深刻的友誼。同時，我運用私人友誼，情商中華航空公司駐華府辦事處徐君毅主任，安排在華航班機上升等禮遇，返程時也由我情商台北華航總部國外處汪處長儘量幫忙升等禮遇，汪處長與我均為上海人，我在觀光局宴請外賓時，常邀他作陪，他是千杯不醉，因此我與外賓常被他灌醉。如今我已八十有五，回顧當年的豪情，可說是「往事值得回味」。

由於我在一九六五－一九六八於行政院駐美採購團軍資組工作時，曾在州立馬利蘭大學夜間部攻讀美國史及美國政治課程，因此對美國立國以來各階段政治及外交的演變，具有相當程度的瞭解，有時遇到民主黨自由派人士對我政府的批評，我會引經據點指出，歷史上美國政府表現的自大和對其盟友無情的批評常使其盟邦陷入悲慘的局面，我會引用一九四九年國民政府在大陸戰敗後撤退至台灣，美國於一九五〇年初即落井下石發表白皮書，指責我政府無能，要為失去中國大陸負責任，並停止一切美援，令中華民國的八百萬人民感到莫大的羞辱和痛心，然而不久韓戰爆發，台灣在太平洋的戰略地位又變得重要。因此，當時杜魯門總統宣布美國海軍第七艦隊進入台灣海峽巡邏，協防台灣，並重新開始經援與軍援，讓我深切體認到國際政治的現實。

二〇一三年八月二十二日《中國時報》報導：「根據美國國務院最新公布的解密文件，美國在與中華民國斷交前，規劃了六個月的進展期，原本希望給台灣三星期的預警時間，但後來為了避免國會插手，結果只給了台灣幾小時」。

但在美國群眾與國會方面，有許多人不滿卡特總統的作法，一九七九年初，國會開始尋求替代方案，四月十日，參眾兩院通過了《台灣關係法》，民主黨和共和黨都一面倒的支持這項法案，眾議院以三百三十九票對五十票通過，參議院則是八十五票對四票。

《台灣關係法》有兩個作用——試圖保證美國對台灣的軍事協防會繼續下去，與台灣的外交連繫則維持一種高規格，但表面上並不正式的高度。國會要求，美國供給台灣的防禦性武器無論質與量「必須讓台灣足以自保」，為了維持與台北的外交關係，該法還規定必須在台灣設了一個美國機構，除了名稱之外，功能與大使館完全相同。

《中國時報》又報導，「卡特政府決定與北京建交，尼克森有意見，覺得卡特操之過急。另外，尼克森認為台灣一定會生存下去，毫無疑問，而且雖然廢約，台灣依然有能力捍衛自身安全。」

撫今思昔，不禁懷念老長官錢復博士當年的高瞻遠矚，他於一九七一年擔任外交部北美司長時，鑑於美國對兩岸政策逐漸的變更，向長官建議一項「良友計劃」，加強對美國國會的工作，除了邀訪參、眾兩院議員和主要助理來華訪問外，為了推動工作，特在駐美大使館內增設國會組，請當時在華府擔任軍購的胡旭光將軍，出任駐美大使館公使，籌設國會組。

筆者有幸於一九七四－一九七八關鍵年代擔任駐美大使館國會組一等秘書及參事，襄助胡公使在華府奮戰，努力爭取美國國會人士來華台訪問，瞭解中華民國在台灣的深耕努力，不但使台灣被譽為東亞四小龍之一，而且在政治上逐步改革，進入民主國家之列。回憶當年來台訪問的國會人士，都對中華民國的成就印象深刻。

外交部至交鄧中生兄曾對我作了評價，說我是「too emotional」，我完全承認，就是我的這種感情衝動性格，才能與美國國會人士，不打不相識，建立了真摯的友誼，他們於我離職時，為我舉行酒會歡送，並致函惜別，令我深為感動，值得一提的是一九七八年十二月十六日美國宣布與我斷交，外交部派楊西崑政務次長赴華府交涉善後事宜，過了幾天，錢復次長約我見面，給我一張蔣彥士部長與他簽名的便條，內容是「奉院長諭請仉家彪先生即刻赴美協助楊次長在美工作」當時我已退休在企業界工作。

嗣後，我在一九七九年的聖誕節，搭華航班機飛洛杉磯轉華盛頓，那班飛機不但客滿，而且名人甚多，座艙內大包小包塞滿行李櫃和座位下方，乘客們面色凝重，一片淒涼的逃難景像，令我印象深刻。

抵達華府後，我租了公寓和車子，並向楊次長報到，此外，並和參院外交委員會的摯友史東參議員取得聯繫，敦促他提早自佛羅利達州老家返華府，協助楊次長對國會的工作。當時，至少有兩位國會老友提醒我，美國法律規定民間人士對國會遊說工作，必須先向美國政府登記，而我當時已離開政府，因此，我的協助楊次長在國會的活動是非法的，他們叮囑我要小心美國聯邦調查局（ＦＢＩ）的監聽，當時我告訴他們放心，ＦＢＩ不會抓我，因為他們知道我願意作殉道者，國會友人會搭救我，屆時必將成為一大新聞，反而對美國政府不利。

值得一提的是，我擔任中歐貿易促進會秘書長時代，曾在一九九〇年訪問維也納，參加一項座談會，當時外交部老友鄧中生兄是駐奧地利的代表，他在介紹我時，譽我為unsung hero（無名英雄），令我感動不已，但是他也曾好意批評我「too emotional」。其實我知道自己的缺點，所謂性格決定一個人的命運，固然我在宦途上未曾攻頂，但是我在政府部門工作，橫跨了國防部、經濟部、交通部及外交部，而且都是中堅幕僚，幹了不少小兵立大功的工作。記得當年我在觀光局及中歐易促進會的老長官曹嶽維先生曾感嘆地對我說：「家彪，你的性格特點是一個『真』字，所以你的朋友很多。」

如今我已進入桑榆晚境，常與海軍老同學、經濟部、觀光局及外交部老友互通電話聊天及餐敘，安享晚年。而且還能執筆撰寫我的第二本回憶錄——《血歷史續篇》。這一切都是神的恩典。

寫於二〇一三年九月

回望華府（三）

一九七四－一九七八年的四年中，我在駐美大使館國會組工作，乃是我生命中的高潮，既有成就感，也有挫折感，四年中我結交的國會助理友人約百人。後來沈劍虹大使特別舉行了酒會，款待國會助理，他們都攜眷或女友參加，我站在沈大使旁邊介紹他們，而且還能報出他們的老闆參議員或眾議員名字，令沈夫人頗為激賞。

我認為我之所以能與國會友人打成一片，乃是直率的性格使然；此外，我在一九五四年服役海軍時，考取留美兩棲作戰訓練，在加州聖地牙哥接受登陸小艇駕駛和救難訓練，以及兩棲作戰訓練，與美國海軍軍官生活在一起，熟悉美國人的思維方式與性格。爾後，又於一九六五－一九六八年在駐華府的行政院駐美採購團軍資組工作，並於夜間在馬利蘭州州立大學選修大學本部的文史課程。因此，我熟悉美國政府組織與運作，以及美國歷史與外交政策。每當我與國會友人辯論時，我也學會美國人咄咄逼人地批評對方那一套，有時候國會友人逼急了，會發牢騷說道：「你一個中國人怎麼會在美國歷史知識方面，將我打敗。」我會對他笑道：「因為我讀美國歷史，比你用功」。」

但是我對美國學者自我批評的坦白精神至為欽佩，我曾選修一門「United States in the 20th Century」（二十世紀中的美國），那位年輕教授是一個嬉皮，長髮披肩，但講課很精彩。這門課是屬於修正主義的觀點，從十九世紀的「門羅主義」到二十世紀初的「天命論」，從韓戰到越戰，幾乎將美國外交政策批評的一無是處。有趣的是我反駁他說，美國在第一次世界大戰與二次世界大戰中，死傷慘重，對世界和平作出了重大的貢獻，他聽了哈哈大笑說道：「WE have a God-damn Chinaman Republican in the Class.」（我們班上有一個天殺的中國佬共和黨員。），引得全堂哈哈大笑，散課後同學們都來向我致敬，大家很開心。

嗣後，我在一九七三年底應邀從交通部觀光局調至外交部北美司工作，一九七四年四月外調駐美大使館國會組出任一等秘書，爾後升任參事，當時孤家寡人一個，襄助老長官胡旭光公使，擔任國會助理的連絡工作，非常地孤獨和寂寞。一九七五年中，北美司老弟們鄧申生，馮寄台與王豫元先後調來大使館擔任三等秘書，這下子就熱鬧了。當時我們都住在馬利蘭州蒙高茂利鎮，我們四人car pool，每星期輪流開車上下班，車程約一小時，一路人說說笑笑很是愉快，偶爾還在我家打個小牌，記得有一年冬天下大雪，午夜開門發現他們的汽車都埋在雪中，於是我們用鏟子輪流鏟雪約半小時，才將他們的汽車挖掘出來，今日回憶將近四十年前的往事，頗有白頭宮女話天寶盛事的感覺。

一九七八年，我在駐美大使館工作，已經四年，虛歲也到了五十歲，深感在國會打拼那麼多年，已經精疲力盡，何況老長官對我已有不滿，心中至感委曲，那一年華府冬天特別寒冷，有一次我在應酬完畢的深夜，在公路上非常小心地駕駛，可是公路上的積雪已結成薄冰，儘管我以極慢速駕駛，仍然不小心滑走，從右車道的右邊斜坡滑下去，不多久，警車引導著拖吊車將我救起，我驚恐之餘發現全身並無損傷，真是命大。

此次車禍讓我認真思考未來的去從，突然問，我心中想通了，心想我一生從海軍到文官及外交官，競競業業工作，此生總該有一次有勇氣站出來「說走就走」，於是我申請調返台北辦理退休，我很感激當時的錢復次長在瞭解我的苦衷後，准我退休。

寫於二〇一三年九月

一九七八年中（台）美斷交前夕——風雲變色中的台灣

一九七八年三月中，我自華盛頓駐美大使館返台辦理自願退休後，就在企業界工作，進入秋季就傳出中（台）美外交關係不穩之說。某一天，前外交部老長官蔡維屏次長（時任政治大學國際關係中心主任）來電約我在他寓所午餐。他表示，有鑒於美國卡特政府決心與中國大陸建交，故現階段惟有爭取美國國會議員的支持，阻擋美國行政當局與中華民國斷交。因此，台灣的自由派人士由科技暨文學才子沈君山教授發起成立「自由基金會」，號召台灣各界菁英參與，對美國國會參眾兩院展開積極遊說活動，並由沈教授出任該會董事長。蔡公認為，我在美國國會人士中口碑極佳，人脈也豐富，最宜出任「自由基金會」的秘書長，盼望我能接受是項任務。當時，我未有思想準備，然而，國難當前，豈敢拒絕老長官的託付，就答應下來了。

當日下午，沈君山博士來電約我見面，我約他在我工作的華美企業林肯大廈樓下咖啡廳見面。沈教授一身素衣，白襯衫灰長褲，態度誠懇，說話口音中有南京腔，我們談得很投機。這時候，忽然國民黨中央黨部秘書長蔣彥士先生駕臨交代他一些事情，並於離去時叮囑我說：「仉先生，你一定要幫沈君山的忙。」他走後，沈教授對我言道：「其實蔣秘書長是專程前來與你晤見，要你出來幫忙。」

事後，我心中總覺得有點不安，故決定次日晉見外交部錢復次長，徵求其意見。錢公聽了我的敘述後，臉色不悅地對我說道：「你C. P.仉在美國國會人士中有聲望的人，國會人士對你很尊重與信任，但是「自由基金會」的組成份子中有反政府的黨外人士，如果你協助他們進入美國國會，做出對政府不利的言行，屆時你後悔也來不及了」。我聽了錢公這番話，覺得如雷轟頂，立刻就說：「所以我來向您請示，現在我決定婉辭這項工作」。錢公臉色好轉後嘆息說：「C. P.，你的耳根太軟了」！誠哉斯言，因為我的一生就囚犯了這個毛病而吃了不少苦頭。

於是我就邀沈君山教授來林肯大廈的牛排館午餐，沈公還帶了他的從東京返台探親的前女友及其兒子一起赴宴。席間我告訴他經過詳情，沈公聽後點點頭笑笑，不置一語。但他的女友在閒談中還不時嘲諷沈公的charm（魅力）不靈了。據說他的前女友是某年大學聯考狀元。

沈君山博士曾任國立清華大學理學院院長及校長，他可稱著作等身，除理科專業外，還出版了傳世的《浮生三記》、《浮生後記》及《浮生再記》。他於二〇〇七年第三度中風後，未曾再醒過來，而成為植物人，以迄於今。

一九七八年十二月十五日（台灣時間十二月十六日）美國卡特政府宣布與中國大陸建立外交關係，並與中華民國斷交。消息傳來，朝野震驚，人心惶惶。十二月二十二日外交部錢復次長約我見面說：「行政院孫院長對蔣彥士部長說，你向他表示自願去華盛頓幫忙連繫國會友人助我。」我聽了大為驚訝，表示我從未去見過孫院長，更未自動請纓，錢公未說什麼，急切地問我何時可啟程，並交給我一張蔣彥士部長手諭：「奉　院長諭，請仉家彪先生即刻赴美，協助楊西崑次長在美工作」，下方是「彥士」及「錢復」的簽名。

當時我義無反顧地於一九七八年十二月二十五日趕赴華盛頓駐美大使館向楊次長報到，他要我陪他住在雙橡園大使官邸，我婉辭了，自己租了公寓和汽車，在華府協助安排及陪同楊次長前往美國國會拜會對我友好的參議院外交委員會參議員及眾議院的國際事務委員會眾議員。還記得一向對我政府不友好的自由派參議員邱奇（Frank Church）也向楊次長保證他一定支持中華民國，他並說二次大戰時他是空軍飛行員，曾經駐防昆明。

當時，沈劍虹大使及陳岱礎公使均奉調歸國，由我的老長官國會組組長胡旭光公使代理館長，但是胡代館長及楊特使又相處不和，令我非常為難，爾後楊次長於一九七九年二月底完成談判任務歸國，我遂於三月一日返台，總計我在華府協助楊次長與美國國會連繫工作共六十五天。回首前塵，可以說那是我一生中刻骨銘心最痛苦的六十五天。

前大陸事務委員會主任秘書張樹棣老友讀了我已出版的《血歷史》一書後，來信說：「……在一個特定的時代，發生了特定的事，需要特定的人去做，你就是這個特定的人。」因此，我就想到著名的基督教改革家馬丁路德曾倡議「因信稱義」及「預定論」兩個重要信條。前者的意義是凡信仰耶穌基督的人就能得救，後者則說明，基督徒從娘胎出生後，他的一生事跡就被上帝預定。

因此，我一生歷經苦難，心靈受到創傷，但是我信奉「預定論」，咬緊牙關，克服自己的缺陷，終能安然走出一條陽光大道。

感謝神的恩典！

寫於二〇一三年十月

國民外交——白宮之行

民國六十八年（一九七九）九月初，外交部錢次長約我晤面，錢公見到我笑道：「C. P. 又要麻煩你祕密跑一趟華盛頓。」他言道，中（台）美斷交談判時，曾有協議雙方所有的雙邊條約仍繼持不變，但美國副總統孟岱爾在訪問中國大陸召開記者會時表示，美國與台灣之間的航空條約即將到期，屆時當以雙方的非官方代表機構重新協商及簽訂，外交部已令駐華盛頓的「北美事務協調會」（美國為我們駐美外交機構所訂的名稱，而美國駐台外交機構則稱為「美國在台協會」。），瞭解實情報部，惟美方均三緘其口，因而不知實情。前天外交部召集有關單位開會商討對策時，蔣部長決定請你悄悄去華盛頓向你的老友孟岱爾副總統的幕僚長 Dick Moc 君打聽實情。當時我心中沉重，但又不忍違拂當年愛護我及照顧我的老長官錢公旨意，咬著牙關接受了這項使命，並於兩日內束裝就道。

記得我抵達洛杉磯時正好是美國勞動節假日的最後一天，九月的第一個星期一，我在妻舅家休息半日，並打電話給Dick Moe君，表示我出差紐約，明日先去華盛頓探望女兒，盼望與他見面，他當即答稱次日下午四時在白宮相見。當天晚上我即搭機前往華盛頓，在機場訂旅館時，因係長假後第一天上班，各方人士都湧往華府洽公，因此旅館全部客滿，當即我就在機場租車駛往我曾居住的馬里蘭州Gaithersburg小鎮，找到一家汽車旅館可以住一晚，那是星期二上午。

下午四時我準時前往白宮，我還未開口及掏出護照，警衛就問道：「Mr. Chang?」我點頭後他就帶我走進美國副總統孟岱爾幕僚長的辦公室。Dick Moe一見我就趨前歡迎寒暄一番，立即進入話題，很明顯他知道我有備而來，當然他也是有備而來接見我，否則他怎會在勞動節長假後的第一個工作日就在下午四時接見我。

我先發制人，質問M君，為何美國政府對台灣食言，他也對我直言不諱表示，不但是航空條約需要重新協商，並要以非官方機構的名義，由北美協調會與美國在台協會名義簽訂。M君還特別強調美國對我華航將給予若干優惠，諸如在德州休士頓機場開放華航貨運飛機的落地權等，他又表示台灣應該接受現實，今後所有條約都要改為非官方機構簽訂，但他又強調美國絕對不會放棄對台灣防衛的承諾。我們僅談了二十分鐘，喝了一杯咖啡，我就向他告別，他送我至大門口，緊緊握別。Dick Moe亦為性情中人，故與我相知甚深。

我回至旅舍與女兒小娟相晤，並共進晚餐，嗣後她開車去她就讀的馬里蘭大學女生宿舍參觀，令我頗為安心。第二天星期三，我搭早班飛機去舊金山轉機，並搭當夜的華航班機返台北，星期五清晨抵台北。我自星期一出發，來回共四天三夜，只有一晚住在旅館，另外兩夜都在飛機上熬過。

當天星期五下午，我就趨往外交部見錢次長，並將在飛機上就已寫好的簡要報告交給他，錢公看了後凝重地看著我說：「你的這份報告經國先生會看到。」辭退後我立即去會計處，將機場租車及一晚旅館的單據繳上，不多領一分錢就揚長而去。

但是還有一段插曲必須一提，我在接受錢公交待之任務時曾問他可否在華盛頓與胡公使通一電話問候，以示禮貌，錢公嚴肅地對我說，這是祕密任務，不可讓北美協調會知悉。去到北美司，我向當時的第一科科長章孝嚴兄探詢，可否與該會的馮寄台老弟電話寒暄，表示我路過華盛頓看望女兒，孝嚴兄見我堅持要在華盛頓留下「途經」痕跡（我的心思已被他看破），就拿機密開會記錄示我，果然，蔣部長指示要祕密探訪M君，不可讓駐美單位知悉，因此我只好從命，並告訴我女兒小娟不可透露我來過華府之事。

兩個月後，錢公又約我晤面，談完正事後，他心情頗佳，告訴我華府的胡公使曾返台述職，於晉見蔣部長時曾表示，聽說仉家彪最近又來過華盛頓，部內這樣作法讓他們在華盛頓更不好做事了，妙的是蔣部長顧左右而言他說，我們還要繼續派人去華盛頓的。

於是，我為了國家，又被犧牲了一次，過了些時日，馮寄台老弟帶了美國國會訪問團來台北訪問，老兄弟相晤甚歡，他並慨嘆美國政府友人的勢利。他說今年雙十國慶酒會，除國會人士還有捧場外，國務院出席酒會者最高階級為一位科長，國防部則僅派一位中校出席，因此美方出席人員中最高階為C. P.你的好友，白宮副總統幕僚長Dick Moe。

好了，謎底終於揭曉，原來是M君於酒會中告訴胡公使，最近曾在華府見到C. P.噢，中國人有句名言「若要人不知，除非己莫為」我終於得到報應了。

如今回顧往事，當年並未收到蔣部長手諭或會議記錄，僅憑錢次長一句話，我就乖乖地又跑了一次華盛頓，我究竟是「重情義」，還是「好虛榮」？迄今我還未能回答自己這個「大哉問」！

寫於二〇〇七年九月

往事不堪回首

我在民國六十七年（一九七八年）三月自請從駐美大使館參事職務調返台北辦理自願退休，並轉入企業界工作。同年十二月十六日，美國總統卡特宣布與中華民國政府斷絕邦交。十二月二十日，外交部次長錢復約我在他辦公室晤面。錢公單刀直入地說：「行政院孫院長對蔣彥士部長說，你向他表示自願去華盛頓幫忙連繫國會友人助我」。我聽了大為驚訝，表示我從未去見過孫院長，更未自動請纓，錢公未說什麼，急切地問我何時可啟程，並交給我一張蔣彥士部長手諭：「奉　院長諭，請仉家彪先生即刻赴美，協助楊西崑次長在美工作」，下方是「彥士」及「錢復」的簽名。

記得當時外交部總務司甯紀坤司長在三天內為我趕辦護照與赴美簽證，我於一九七八年十二月二十五日（聖誕節）搭乘華航飛洛杉磯轉華盛頓。飛抵洛杉磯後就在機場原地休息，連夜搭機飛華盛頓，向主管中（台）美斷交談判的楊司崑次長報到。當時在機場接我的駐美大使國會組老弟對我言道：「據楊次長在大使館說，仉家彪是向孫院長自動請纓來華府幫忙。」當時我大吃一驚，到了百口莫辯的地步，抵達大使館向楊次長報到後，忍不住詢問楊公為何外交部要說我是自動請纓呢？楊公顧左右而言他說：「家彪兄，你看大使館現在亂成甚麼樣子，馬上要開會了，你跟我一起去開晨會。」會議中楊公斥責在場各部門主管，令我很窘，所以翌日我就婉拒開會。此外，楊公要我住進大使館官邸雙橡園，我更是不敢，寧願住在公寓，另外租了一部車子代步，最令我傷心的是，主管國會工作的老長官面色很難看，對我非常不諒解。

楊次長除了忙於在國務院談判中（台）美斷交善後事宜外，並由國會組安排訪問參、眾兩院議員。我的任務是安排拜會我當年在駐美大使館國會組工作時所熟悉的兩院議員，以及分批邀約與我有交情的重量級國會助理與楊次長餐聚，暢談中（台）美外交問題及國際問題。他的豐富國際知識學養、老派外交官風範和字正腔圓的英國腔英語，贏得不少自視甚高的美國國會菁英嘆服，而且餐敘時他會要求三、四十歲的年輕國會助理叫他H. K.。因此，餐聚中H. K.的名字不斷此起彼落，每一位助理問他問題時，必會先說：「H. K., please tell me...」或「H. K., may I ask you a question?」

楊公於一九七九年二月底達成談判任務，啟程返國，我也於次日三月一日返台北。自一九七八年十二月二十五日聖誕節抵達美國，我以私人身分在大使館協助楊次長工作，總計共六十五天，此期間我曾應對我政府至為友好的史東參議員之邀請，於一九七九年一月二十八日飛佛羅里達州首府Tallahassee，與佛州橋柑局局長Lester博士舉行會談，並由該局國際市場處長Forsee陪同我訪晤在一九七八年得標銷台之Citrus World公司。該公司向我表示，中央信託局未能履行於一九七八年十月一日至一九七九年九月三十日之間一年內，分批向佛採購一百一十萬美金濃縮橘子水的保證。我遂以個人名義撰擬電報，請大使館發至外交部呈行政院孫院長，卻因此得罪了中央信託局。爾後中信局在呈復行政院時稱我為某商人，並有批判我的言詞。此事乃我任務完畢返台後外交部老友、北美司副長陳毓駒兄仗義告訴我，並提醒我要有所防備。我去電話質問當時行政院院長辦公室主任嚴孝京女士，嚴大姊兇巴巴地問我怎知道？她說她和國貿局邵局長協定不能讓我知道此事，當時我也大聲回復她：「不告訴妳！」即重重掛斷電話。

數天後，行政院孫運璿院長召見我，並慰問我說：「家彪兄，你辛苦了！楊次長對我說，你的貢獻很多……」我當時不加思索地詢問孫院長，「派我去美國幫忙乃是義不容辭的事，但為何要說是我自動請纓？」孫院長滿臉笑容，顧左右而言他地安慰我說：「當時大家都很亂……」

孫院長於一九八七年中風轉任總統府資政時，我已自公職退休十年，立即義務為他處理與國際友人的英文函件，達十年之久。

如今我也年已八十三歲，較孔子所言「七十而從心所欲」之年歲已多了十三歲，所以在今年計畫出版的書中，寫出這一段刻骨銘心的經歷，為自己作平反。

寫於二〇〇九年十二月

《台灣關係法》三十五週年

一九八七年十二月十六日美國總統卡特宣布美國承認中華人民共和國，並與中（台）華民國斷交，同時廢除美中（台）共同防禦條約。但是美國國會親中華民國人士非常不滿卡特的做法，於一九七九年初尋求替代方案，四月十日參、眾兩院通過《台灣關係法》。民主黨和共和黨都一面倒的支持這項法案。眾議院以三百三十九票對五十票通過，參議院則是八五票對四票。

《台灣關係法》有兩個作用，試圖保證美國對台灣的軍事協防會繼續下去，與台灣的外交連繫，則維持一種高規格但表面上並不正式的高度。國會要求美國供給台灣的防禦性武器，無論質與量「必須讓台灣足以自保」。為了維持與台北的外交關係，該法還規定必須在台灣設立一個美國機構，除了名稱之外，功能與大使館完全相同。

美國與中華民國斷交後，雖然令中華民國人民感到沮喪，但是也促使台灣政府與人民認清國際現實，再接再厲，將全部精力集中於經濟發展，高科技的突破，以及政治走向完全民主化的境界。因此，台灣在一九八〇年代成為亞洲四小龍之首，外匯存底為世界第二，僅次於日本。

今年（二〇一四年）四月十日是「台灣關係法」三十五週年，據美國之音報導，美國眾議院外交委員會於三月二十五日通過決議，重申支持《台灣關係法》。會議闡明一九七九年四月十日制定《台灣關係法》的重要性，決議案順利完成了審查程序，這項發展再次彰顯美國國會，對台美關係的高度重視。

該決議的重點內容包括：支持美國依據《台灣關係法》對台灣的安全承諾，具體地說，支持美國向台灣銷售尖端武器等系統。

眾院重申，堅定認為《台灣關係法》是美台基石，在台海和平之下，必須維持台灣二千三百萬人民的利益，美國依據《台灣關係法》承諾維繫台灣安全，包括對台出售先進武器裝備。法案同時提及美方承諾深化美台經貿投資關係，支持台灣加入雙邊及區域性貿易協定。

寫於二〇一四年五月

歐洲之旅——誰說弱國無外交（一）

一九八〇年春，我應老長官曹嶽維先生之邀，出任中歐貿易促進會（簡稱中歐）副秘長，爾後升任秘書長，一九九三年因心血管疾病，動了大手術，改任顧問，專責核改英文稿件及撰寫經濟部部次長及國際貿易局長的英文演講稿，以迄「中歐」於一九九六年併入「國際經濟合作協會」為止。我在「中歐」工作十六年，憑藉經濟部及外交部工作的歷練，可以說是我工作經歷最能發揮我的智慧，口才和英文寫作及演講能力的時期。撫今思昔，非常感激曹公的提攜和信任。

中歐貿易促進會係於一九七五年由政府推動成立及資助的社團法人組織，其會員包含民間的主要工商團體、公民營大企業與金融機構組成，以精簡之編制及預算，及以尖兵之工作型態，推動與拓展中華民國與歐洲國家之實質經貿關係。當時中歐雙邊貿易僅佔我對外貿易總額的十三％，歐洲在台設有代表處之國家僅西班牙一國，主要辦理文化交流事宜。迄一九九六年歐洲已有十六個國家在台設有商務代表機構，其中法國更整合該國各主要駐台機構成立「法國在台協會」，英國亦整合駐台各單位成立英國文化辦事處，德國除經貿代表辦事處外，另外設立文化中心。此外，歐洲十六國之駐華代表機構均在台受理簽證申請，平均三天即可辦妥簽證。「中歐」成立後，於一九七六年初積極促進有關單位在比利時首都成立「比華商會」，以協助我政府及工商界開拓與「歐洲共同體」（現已擴大會員國改稱「歐盟」）之聯繫。

一九八〇年初期，為面對能源危機引發之全球經濟衰退及美元升值，「中歐」乃積極推動民間之雙邊經濟合作會議，以加強中歐雙邊經貿關係，自一九八一年十一月於台北舉行第一次中比聯席會議後，中比經濟合作會議即每年在兩國輪流舉行。繼此之後，「中歐」陸續與歐洲重要工商團體推動民間之經濟合作，迄一九九六年併入「國際經濟合作協會」為止，「中歐」已與荷蘭、法國、瑞典、英國、西班牙、義大利等國，分別召開雙邊經濟合作會議，「中歐」組團赴歐洲參加會議時，亦多邀請我經貿主管官員蒞會，向歐洲工商界介紹我經貿政策及投資環境，並藉此拜會有關歐洲國家經貿官員，以增進歐洲朝野對我之了解，並建立官方諮商管道。另方面，「中歐」為引進歐洲工業科技，提昇我工業水準，不斷洽請歐洲駐華商務代表處，或與「中歐」有聯繫之歐洲工商團體，協助促成該國高科技工業組團來台舉辦科技研討會。

為有計劃推動對歐洲國家之科技合作，行政院於民國七十一年八月五日召集會議，決定成立「中歐科技合作小組」，請國科會王紀五副主任委員與本會曹嶽維副理事長為共同召集人，並由筆者擔任執行秘書，有關行政工作均由「中歐」支援。此期間「中歐」曾安排補助公私立大學從事科技教育的年輕教授赴歐洲著名大學及科技研究單位考察。當年台灣的科技教授及科技研究工作者，絕大部分都是留美學人。因此，他們非常歡迎「中歐」補助及協助安排他們赴歐洲考察，及與歐洲科技研究機構建立合作夥伴關係。

撫今追昔，我很懷念當年政府派在歐洲各國的外交部、經濟部及新聞局的官員們，他們在歐洲國家奮鬥經歷，我親眼見到了，感動了。

因此，我要大聲喊道：「誰說弱國無外交！」

寫於二〇一四年十月

後註：筆者於一九八〇－一九九三年之間，單槍匹馬或隨經貿訪問團體，訪問歐洲國家約二十多次。

歐洲之旅——誰說弱國無外交（二）

一九四九年國民政府撤退來台後，英國、荷蘭、瑞士、丹麥、瑞典、芬蘭、捷克、匈牙利等國立即與我斷交；法國於一九六四年，奧地利與比利時於一九七一年，盧森堡於一九七二年，西班牙一九七三年先後與我斷交。因此我於一九八〇年初參加半官方機構型態的中歐貿易促進會工作後，於十月間訪問丹麥、瑞典、挪威北歐三國時，辦理簽證就需要兩個月，當年台灣工商界人士赴歐洲國家訪問，還需要憑各該國有關單位的邀請函，始能辦理簽證。

至於我駐歐洲各國的外交及商務人員機構，也必須被駐在國接受的各種不同名稱設立據點，例如我外交部駐英國機構稱「自由中國中心」，經濟部駐英機構稱為「大華貿易公司」，外交部駐德國機構的名稱是「遠東新聞社」，經濟部單位的名稱是「遠東貿易公司」。總之，我政府駐歐機構必須因應各國對我友好程度的不同，低姿態地於駐在國發揮相當於領事館的功能。因此，我們可以想像當年駐歐外交及經貿官員忍辱負重的困境。

首任經濟部國際貿易局汪彝定局長曾生動地形容此種困境：「打電話去不接，要求拜會不見，請吃飯不接受……」，然而國際關係是非常現實，當台灣經濟起飛，對外貿易迅速成長，歐洲國家不得不面對當年亞洲四小龍之首中華民國台灣的存在，開始在台灣設立機構，辦理簽證業務，以吸引台商赴各國訪問。爾後，隨著中歐雙邊貿易的增長，歐洲工商界人士亦紛紛來台訪問，作市場調查，以及尋覓投資及技術合作的機會。荷蘭的飛利浦電機公司是第一個歐洲大企業在台灣設廠製造電機及電子產品，外銷世界各國。

當年外交部邀請歐洲國家議員來訪，行政院新聞局邀請歐洲記者來訪，均安排拜會本會，聽取簡報，答覆外賓問題，以及提供台灣與歐洲個別國家的雙邊貿易資料。因此，外賓常會提出各種有關台灣於政治上在世界遭受孤立之際，經濟發展卻蒸蒸日上的原因。筆者憑著在經濟部及外交部駐美大使館工作的經驗及磨練出來的口才，向歐洲訪客說明中華民國自一九七一年十月二十五日失去聯合國會籍，次年日本與我斷交之後的骨牌效應，導使東南亞各國先後與我斷交。迄一九七八年十二月中旬，美國宣布與我斷交，中華民國台灣成為亞細亞的孤兒。

然而，台灣在蔣經國總統提出的「莊敬自強，處變不驚」的八字箴言後，全國人民團結一致，在行政院孫運璿院長的策劃與推動下，中華民國台灣終於脫穎而出，成為高科技國家，海外投資遍及中國大陸及東南亞國家；歐洲國家亦紛紛組團前來台灣訪問，尋覓貿易與技術合作機會，我政府有關單位安排訪問本會，聽取簡報，並由筆者答覆各項問題。他們返國後均會來函邀請我前往訪問，並安排我演講或舉行研討會，介紹台灣的經濟、貿易及投資環境。

值得一提的是我於一九九二年十一月中，應冰島首府市長之邀訪問冰島兩天，舉行兩場演講，介紹台灣；一場是對工商界領袖，另一場是對政府官員。有趣的是我於離去時在住宿旅館結帳，發現一切費用均由市政府支付，這是筆者對歐工作十三年中，惟一的一次由邀請單位派車機場接送以及支付旅館費用。

最後，我要感謝外交部林永樂部長，應我之請求交待歐洲司寄來「歐洲國家與我斷交日期、在台設立機構日期及名稱一覽表」以及「我與歐洲國家雙邊相互設處一覽表」。上項資料足證我駐外人員前撲後繼的奮鬥精神與成果。

尤其是二〇一一年歐盟（由二十八個歐洲國家組成）予我免簽證待遇更是雙邊關係的重要里程碑。

寫於二〇一四年十月

附表一 歐洲主要國家與我斷交日期、在臺設立機構日期及名稱一覽表

國家	與我斷交日期	在臺設立機構日期與名稱	是否具有辦理簽證功能	備註
英國	一九五〇年一月六日	英國貿易促進會（一九七六年二月一日） 英國貿易文化辦事處（一九九三年十月十五日更名）	有	
西班牙	一九七三年三月十一日	塞凡提斯商務文化推廣中心（一九七四年三月二十五日） 西班牙商務辦事處（一九八二年三月更名）	有	
荷蘭	一九五〇年三月二十七日	荷蘭貿易促進會台北辦事處（一九八一年一月九日） 荷蘭貿易暨投資辦事處（一九九〇年十一月一日更名）	有	
法國	一九六四年二月十日	法亞貿易促進會（一九七八年） 台北法國文化科技中心（一九九〇年） 法國在台協會（一九九四年，法國駐台單位合署辦公組成）	有	
義大利	一九七〇年十一月六日	義大利貿易推廣辦事處（一九八九年九月） 義大利經濟文化推廣辦事處（一九九五年） 義大利經濟貿易及文化推廣辦事處（二〇〇六年九月兩機構合併更名）	有	

德國	一九四一年七月二日	德國文化中心（一九六三年九月一七日；現更名為臺北哥德學院）	無	德意志聯邦共和國一九四九年成立後，未曾與我國建交
		德國經濟辦事處（一九八一年）	無	
		德國在台協會（二〇〇〇年二月一日）	有	
奧地利	一九七一年五月二十八日	奧地利商務代表團台北辦事處（一九八〇年十二月十八日） 奧地利商務代表辦事處（一九九三年更名）	無	奧地利商務代表辦事處係奧地利商會代表；奧地利台北辦事處係奧地利外交部派員
		奧地利觀光辦事處（一九九七年） 奧地利台北辦事處（二〇〇九年七月更名）	有	
瑞士	一九五〇年一月十六日	瑞士商務辦事處（一九八二年十一月二十日）	有	
丹麥	一九五〇年一月九日	丹麥商務辦事處（一九八三年十月二十八日）	有	
瑞典	一九五〇年一月十五日	瑞典工商代表辦事處（一九八二年十二月九日） 瑞典貿易委員會台北辦事處（一九九一年七月一日） 瑞典貿易暨投資委員會台北辦事處（二〇一三年二月一日更名）	有	
芬蘭	一九五〇年一月十四日	芬蘭工業暨運輸辦事處（一九九一年二月一日） 芬蘭商務辦事處（一九九五年七月一日更名）	無	一九九一年至一九九九年芬蘭在我國設立商務辦事處，後閉館，並於二〇〇四年復在臺設處

比利時	一九七一年十月二十五日	比利時貿易協會駐臺辦事處（一九七九年八月十七日） 比利時臺北辦事處（二〇〇四年六月四日更名）	是	
盧森堡	一九七二年十月十四日	盧森堡臺北辦事處（二〇〇九年十月八日）	無	
波蘭	一九四九年十月五日	華沙貿易辦事處（一九九五年十一月二日）	是	
捷克	一九四九年十月五日	捷克經濟文化辦事處（一九九三年十一月十八日）	是	
匈牙利	一九四九年十月十九日	匈牙利貿易辦事處（一九九八年七月二十六日）	是	
歐洲聯盟	年月日	歐洲經貿辦事處（二〇〇三年三月十日）	無	

附表二　我與歐洲國家雙邊相互設處一覽表

國家	我駐該國代表處名稱	該國駐華機構名稱	備註
奧地利 Austria	駐奧地利代表處（駐奧地利台北經濟文化代表處） Taipei Economic and Cultural Office, Vienna, Austria	奧地利台北辦事處 Austrian Office, Taipei	奧地利於我國另設有： 奧地利商務代表辦事處 Austrian Commercial Office
比利時 Belgium	駐歐盟兼駐比利時代表處 Taipei Representative Office in the EU and Belgium	比利時台北辦事處 Belgian Office, Taipei	
捷克 Czech Republic	駐捷克代表處（駐捷克台北經濟文化辦事處） Taipei Economic and Cultural Office, Prague	捷克經濟文化辦事處 Czech Economic and Cultural Office	
丹麥 Denmark	駐丹麥代表處（駐丹麥台北代表處） Taipei Representative Office in Denmark	丹麥商務辦事處 The Trade Council of Denmark, Taipei	
歐盟 European Union	駐歐盟兼駐比利時代表處 Taipei Representative Office in the EU and Belgium	歐洲經貿辦事處 European Economic and Trade Office	
芬蘭 Finland	駐芬蘭代表處（駐芬蘭台北代表處） Taipei Representative Office in Finland	芬蘭商務辦事處 Finland Trade Center	

法國 France	駐法國代表處（駐法國台北代表處） Bureau de Représentation de Taipei en France	法國在台協會 French Office in Taipei	
德國 Germany	駐德國代表處（駐德國台北代表處） Taipeh Vertretung in der Bundesrepublik Deutschland	德國在台協會 German Institute Taipei	■我國於德國另設有：駐法蘭克福辦事處、駐漢堡辦事處（駐德國代表處漢堡辦事處）、駐慕尼黑辦事處。 ■德國於我國另設有：德國經濟辦事處German Trade Office, Taipei、台北歌德學院Goethe-Institute Taipei
希臘 Greece	駐希臘代表處（駐希臘台北代表處） Taipei Representative Office in Greece		
教廷 Holy See	駐教廷大使館 Embassy of the Republic of China (Taiwan) to the Holy See	教廷大使館 Apostolic Nunciature	
匈牙利 Hungary	駐匈牙利代表處（駐匈牙利台北代表處） Taipei Representative Office, Budapest, Hungary	匈牙利貿易辦事處 Hungarian Trade Office	
愛爾蘭 Ireland	駐愛爾蘭代表處（駐愛爾蘭台北辦事處） Taipei Representative Office in Ireland		

義大利 Italy	駐義大利代表處（駐義大利台北代表處） Ufficio di Rappresentanza di Taipei in Italia	義大利經濟貿易文化推廣辦事處 Italian Economic, Trade and Cultural Promotion Office	
拉脫維亞 Latvia	駐拉脫維亞代表處（駐拉脫維亞臺北代表團） Taipei Mission in the Republic of Latvia		
盧森堡 Luxembourg		盧森堡台北辦事處 Luxembourg Trade and Investment Office, Taipei	
荷蘭 The Netherlands	駐荷蘭代表處 Taipei Representative Office in the Netherlands	荷蘭貿易暨投資辦事處 Netherlands Trade and Investment Office	
挪威 Norway	駐挪威代表處（駐挪威台北代表處） Taipei Representative Office in Norway		
波蘭 Poland	駐波蘭代表處（駐波蘭台北經濟文化辦事處） Taipei Economic and Cultural Office in Warsaw	華沙貿易辦事處 Warsaw Trade Office	
葡萄牙 Portugal	駐葡萄牙代表處（駐葡萄牙台北經濟文化中心） Taipei Economic and Cultural Center		

斯洛伐克 Slovakia	駐斯洛伐克代表處（駐斯洛伐克台北代表處） Taipei Representative Office, Bratislava	斯洛伐克經濟文化辦事處 Slovak Economic and Cultural Office, Taipei	
西班牙 Spain	駐西班牙代表處（駐西班牙台北經濟文化辦事處） Oficina Económica y Cultural de Taipei, España	瑞典貿易暨投資委員會台北辦事處 The Swedish Trade & Invest Council	
瑞典 Sweden	駐瑞典代表處（駐瑞典台北代表團） Taipei Mission in Sweden	瑞典貿易暨投資委員會台北辦事處 The Swedish Trade & Invest Council	
瑞士 Switzerland	駐瑞士代表處（駐瑞士台北文化經濟代表團） Délégation Culturelle et Économique de Taipei	瑞士商務辦事處 Trade Office of Swiss Industries	我國於瑞士另設有：中華民國常駐世界貿易組織代表團、駐日內瓦辦事處（駐瑞士台北文化經濟代表團日內瓦辦事處）
英國 United Kingdom	駐英國代表處（駐英國台北代表處） Taipei Representative Office in the U.K.	英國貿易文化辦事處 British Trade and Cultural Office	我國於英國另設有：駐愛丁堡辦事處（駐英國台北代表處愛丁堡辦事處）

第三輯

中國近現代的變革

文化大革命（一）

一九六六年五月，中國爆發了驚動全世界的所謂「文化大革命」（文革），當時筆者正在華府行政院駐美採購團軍資組工作，當時的中國通如費正清之流發出一片讚頌之聲：「人類的一次偉大的實驗在中國發生了」。當時我在馬里蘭州立大學夜間部選修美國歷史，在課堂中教授要我發言表示意見，我只說了一句話：「人類不是白老鼠，每一個人只有一次生命，豈可作為實驗」，教室中大家默然。

由於當年中共對外實施了鎖國政策，因此在海外，大家都像瞎子摸象一樣的猜測，誰都未想到「文化大革命」這宗後來鄧小平稱為的「十年浩劫」，當時的參與者、受害者和後世史家，都一致同意是毛澤東親自策劃的、親自發動的和親自領導的，為實行共產主義而鏟除走資派的政治活動，它的目的是摧毀那個根深柢固的劉少奇集團，和劉少奇反極左的意識形態，而達成毛澤東絕對獨裁的政治運動。

筆者在當年常去美國國會圖書館中文部查閱大陸及香港報紙有關「文革」的進度的真相。為了幫助讀者掌握重點，特以綱要的方式列出「文革」的前因後果，使讀者對「文革」有一個完整的認知和反思：

一、發動在學校讀書的學生，「一不上課，二管吃飯，三要鬧事」，鬧事就是革命，鼓動他們打倒一切權威，軍警一概不許干涉。

二、發動各單位之內有野心，膽大肯鬧事的年輕人造窩裡反，向領導奪權。

三、組織紅衛兵搞串聯，出任務，調查反革命，黑材料，火車輪船一概免費，到處有解放軍招待。

四、身為紅衛兵小將，頸繫紅巾，手執皮帶，雄糾糾氣昂昂看到牛鬼蛇神，只要一聲吆喝，對方無不俯首聽命。

五、毛澤東於八月五日在中南海貼出一張他自己親撰的大字報，標題是「砲打司令部——我的第一張大字報」。

六、至此全黨全國才恍然大悟，文化大革命的主要目的就是要幹掉劉少奇。

七、在一九六六年秋季三個月之內，毛主席八度親自檢閱紅衛兵，前後達一千一百萬人之多，他們一見毛主席出現，像中了魔一般，無不涕淚交流，高喊「毛主席萬歲」，「破四舊、立四新……」，各種革命口號，喊破了嗓子。

八、八月外交學院的學生帶頭火燒英國代表處，隨即各地都發生了規模不等的武鬥事件，文革達到高峰，暴力也達到高峰。

九、在受到衝擊最嚴重的知識分子群體中，出現了大量自殺現象，一九六六年自殺的著名知識分子包括：北京大學英語系教授俞大絪、哲學系教授沈乃璋、數學力學系教授黃鐵賓、哲學系教授李達、復旦大學副校長陳傳綱、華東師大教授姚啟均、京劇演員馬連良、言慧珠、作家老舍、傅雷、詩人陳夢家等。

十、毛澤東親自發動「文化大革命」的目的，原是自清君側，尤其是搞垮劉少奇，並予殺害。

十一、爾後林彪代替了劉少奇竄升為全黨第二人，手握兵權的林集團，可比劉集團更可怕。

十二、「文化大革命」中毛引林彪為第一號打手，林彪也是「主席指到那裡，我打到那裡」的愚忠人物，血債如山，為全國所痛恨。

十三、毛澤東當國二十八年，無年無月不在搞運動，他於一九七一年八月十四日專車南巡，毛主席於武漢、長沙、南昌、杭洲、紹興與上海分別召見文武百官，特別提出林彪近年所犯的錯誤。

十四、毛這系列所謂「南巡講話」——出爐，林彪知道事敗，遂於九月十三日帶妻子葉群、兒子林立果從山海關駕機出逃，結果飛機在蒙古的溫都爾漢出事，機上人員全部死亡。

一九八七年台灣開放老兵返大陸探親，我於一九八八年十月首次返上海探親，爾後每年均返大陸，並於一九九〇年與一九四六－一九四八年在英國皇家海軍受訓並接收「重慶號」巡洋鑑返國的老同學連絡上了，因此，我聽到了不少親友和老同學在「文革」時期遭受殘酷迫害的經歷，令人髮指。

我們老同學重逢時大都已是六十歲以上的老人，雖然我從來不問他們在文革中被迫害的情形，可是好幾位知交主動提到他們的老伴在文革中遭受迫害致死的情形時，痛哭失聲，我只能含淚抱著他們，讓他們儘情發洩。其中最令人悲痛的是住在大連一位老同學的家庭慘劇，文革時他的女兒鬥父母，嗣後他的女兒哭著要回家，他的老伴絕不讓她進門，臨終時也不要見到她的女兒，類似此種人倫悲劇，古今中外也只有在中國發生的文化大革命時代才會存在的。為什麼？

一九七六年是中國當代史上重大事故最多的一年，元月八日周恩來總理去世；四月五日發生天安門事件；七月六日朱德逝世；七月二十八日唐山大地震；九月九日毛澤東去世；十月六日「四人幫」被補。

爾後，中國共產黨將文革定性為「十年動亂」。

但是，迄今中國共產黨未曾為世界公認的「十年浩劫」中，遭受殺害或餓死的數千萬中國人民，表示懺悔。

因為，中國共產黨從來不認錯，從來不說一聲「對不起」！

寫於二〇一四年八月

文化大革命（二）

據台灣作家莊因在他二〇一一年元月出版的《大話小說》一書中述及，他在美國史丹福大學任教亞洲語文系的同事王友琴女士，曾跟他談說她在文化大革命期間的個人經驗。一九九六年文革開始時，她正在北京師範大學女子附中就讀，學校停課了，一停三年，每日組織《毛語錄》研讀，開批鬥坦白會、串連。一九六九年文革開始後的第三年，他被送到雲南去了，所謂知識青年下鄉插隊拓荒，她的工作是每日到橡膠樹林割膠樹取膠汁，膠林濕熱，到處都是螞蝗，手臂兩腿被螞蝗爬吸的事日日發生，習以為常，文革過了，她滯留雲南。

一九七八年，鄧小平領導下的改革開放派的中共中央，通過恢復學制，大中學校紛紛復校，王友琴斯時以同等學力身分，投考大專，以「女狀元」考取北京大學中文系，但是由於她的父親於文革期間入獄，「成分」不好，不得入學。次年（一九七九年）她的父親獲釋出獄，於是她再度投考北大，而又再以「女狀元」奪魁，終於如願以償進入了北大中文系，研習三年卒業。畢業後，旋入北大中文系博士班以研習魯迅為題獲頒博士學位。

王友琴女士來美後，刻苦學習，要為自己的文革期中無辜流失的十年歲月彌補，而她本人感到自己身受文革慘痛經驗，應向世界忠實記述文革，以歷史的見證來提醒現今的知識青年不可遺忘當年。比方說，她在一篇題為〈一九六六年學生打老師的革命〉的文章，是她親身或以問卷方式，在訪問了一百多位文革經歷者（大多親屬）之後，以血淚和理性完成的文字。這不是中國大陸已出版的任何記述文革的文字所詳盡真實紀錄可比的。她把原稿給我過目，我一口氣讀畢，心中怒火高漲卻覺混身透體寒慄。

王文一開始就說：「如果不從道德是非出發，而僅僅以生活變動的劇烈程度來衡量，那麼這一『學生打老師』確實可稱是革命。事實上，這也確是無產階級文化大革命的一個重要部分」。

王文統計了包括大、中、小三個層次的北京學校計七十五所，其中打死了人的計有十所，而打人凡出以拳腳公然毆辱中，稱是最低程度途的打，下列的劇烈情形更令人髮指。

一、一九六六年八月五日下午，北京師範大學女子附屬中學高一學生，在一天內打又鬥三位副校長，一位教導主任和副教導主任，他們被學生戴上了高帽，任往身上潑墨，更在頸項下掛著黑牌子，強迫下跪，任學生用釘子的木棍毒打，並以開水燙頭。如是三小時後，第一位副校長卞仲耘朱去了知覺，兩小時後不治身亡，成為文革發生後北京市內第一個被活活打死的學校師長，他是該校服務已十七年的老師，死時得年五十。

二、一九六六年八月十七日，北京第一〇一中學美術教員陳葆昆，先遭學生火燒頭髮，復被毒打失去知覺，於是被扔進噴水池，因面部朝下被淹死。

三、北京師範大學第二附中的學生，將該校共產黨支部書記姜培良活活打死，在打的時候，學生並強迫姜的十四歲兒子（他在該校就讀）參加毆打，打後，更有人以鹽撒在傷口。校長高雄的前額上由學生強行按下掛圖釘，之後學生命令校長站在烈日下，再以開水灌頂為他洗淋浴。此外，一位語文老師因被打得肝臟裂開而不治死亡。

四、清華大學附屬中學的校長，被學生用鋼頭皮帶抽打得滿身是血。該校共青團團委書記某女士被打瞎了一隻眼睛。

那麼，「學生打老師」的直接原因是什麼呢？根據王文，她把此原因歸咎於「毛澤東的引導推動」。用常識及理性來判斷，在文化大革命如狂如飆的當時，除了君臨天下登高一呼的毛澤東之外，誰還有如此巨大的膽量來向全國的青年學生發動這樣人類歷史上前所未有的瘋狂行為？

寫於二〇一四年九月

讀中國近現代史書藉的一點心得

民族國家的理念，發生於歐洲，是當時歐洲各民族對天主教教廷體制的反動。中國皇朝是天下國家的普世秩序，中國革命則將西方的民族主義理念借來，反抗西方殖民帝國主義。自此以來，中國建構國族的工作。遂不能脫離民族主義了。

辛亥革命後，中華民國倉卒立國，數千年的皇帝制度從此終結，但是共和國體制尚未落實，列強欺凌中國，仍舊咄咄逼人，支離破碎的中國居然沒有亡國，也是仰仗「民族主義」，甚至大小軍閥即使彼此攻伐，卻也不敢冒天下大不韙而引外敵侵略中國。

孫中山先生在廣洲建立政權，對抗北洋軍閥，孫氏崎嶇海隅，無所依持，卻仍能號召全國，其實因為他的理念正是「民族主義」與建國理想，是中國當時救亡圖存希望之所繫。孫氏逝世，國民黨能夠北伐成功，也是因為中國人救亡圖存的強烈願望。

從九一八到七七，日本步步進逼，企圖將中國一塊一塊吞下。但是日本壓力愈大，危機之下的中國救亡圖存之心愈切。一九三七年開始的八年抗戰，備極艱辛，中國準備未足，受忍無可忍的民氣所逼，倉卒應戰。淞滬之戰一役，在三個月內精銳之師均已拼完，新創建的空軍也折損殆盡。此時，全民一心，本來不受中央號令的地方軍閥，也全力支持抗戰。中國國力不足，全仗地大人眾，死撐了八年。中國折損兵員數百萬人，平民死於砲火轟炸者及因為逃亡而死於饑饉病者，不下三千萬人。

這一次大戰，中國人鍊鑄了強烈的國族意識。歐洲的民族國家是以單一民族為基礎。中國本是「天下國家」，在「中國」觀念的普世秩序下，曾包含許多族群。中國固然也是一個文化觀念，但其中也容納了許多地方性的差異。二十世紀的中國國族，竟形成一個世界最龐大的共同體。

中國共產革命，由一九二一年組黨時即已開始，在抗戰以前，中共革命曾是國際共產主義革命運動的一部分。抗戰前夕，中共經過長征已在延安建立基地。一九三六年十二月，張學良、楊虎城兵變，劫持統帥蔣介石，以民族主義為號召，促成共同抗日，在民族主義的旗幟下，中共的游擊基地不斷壯大。同時，中共以農村為基地，學到了動員農村力量的經驗，將國際性的共產黨本土化。民族主義是中共能夠擊敗國民黨的重要因素。毛澤東於一九四九年十月一日在天安門廣場宣告的是「中國人民從此站起來了」，而不是「社會主義站立起來了」，即由於他是以民族主義的訴求取得天下，那是經過百年煉鑄的訴求，其威力強大無比。

近代中國建構國族的方向是聚異為同，恰好與歐洲近古諸族為了擺脫天主教秩序，而各自建構組源的方向背道而馳，於是，中國革命由反滿興漢，演變為反對西方帝國主義，又轉變為孫中山所主張的「內部各族平等」及「聯合世界上以平等待我之民族」兩項訴求，中國成為多元的龐大共同體，實為世所僅見。

可惜中共建國後祇有數年經濟模索及平穩的時期，但自一九五七年的「反右」開始，各種破壞人民生計及生存的運動層出不窮，讓中國幾乎陷於萬劫不復的地步，其中具毀滅性的是「大躍進」、「人民公社」和「文化大革命」，重創了中國的民生工業和農業生產，使十億人口陷於赤貧的地步。毛澤東於一九七六年病故後，掌權的四人幫終於下台，囚禁及審判，並由鄧小平及務實派成員來收拾爛攤子。一九七八年十二月舉行的十一人三中全會。鄧小平正式宣告放棄中共多年力行的「以階級鬥爭為綱」，改為「以經濟發展為綱」的政策，並開放五個特區，仿傚一九六〇年代台灣倡設的加工出口區模式，以免稅等優惠措施，吸引外人投資，建立紡織，電子等輕工業，一九八四年，進一步再開放十四個特區。此時期外人投資主要為香港、東南亞等地的華人企業，因血緣、文化及語言相同的關係，這些華人企業家很容易被當地政府主管經濟開發的幹部所接納，同時他們也能勉力適應當地的落後生活環境和不同的政治語言，兩種意識型態不同的中國人居然能互相激盪，擦出火花，釋放出中國人勤奮的本能和生產力。當然這一切要歸功於鄧小平及其智囊團的有遠見和魄力，務實地「模著石頭過河」，去實驗有「中國特色的社會主市場經濟」。

鄧小平終於成功了，一九九二年南巡時，他正式向中國人民及世界宣告，中國經濟全面改革開放，要與世界接軌，而一九九〇年代風起重湧的全球化使中國經濟成了最大的受惠者，因為全球資金的自由流通更加速了外資湧進中國大陸，投資於高科技工業、房地產及服務業，促使中國不再需要漸進式的經濟發展，而是面向世界全方位的快速發展。

這是歷史的契機，這一次中國終於抓住了機會，近年高速的經濟成長，進而使中國大陸內需的購買力普遍驟升，變成了最具潛力的市場，對國外廠商來說結合產品外銷與龐大的內需市場，所產生的投資磁吸效應，變成難以抵擋的誘惑。僅僅不到三十年的工夫，經濟上原先嚴重落後的中國大陸，逐步掙脫政治教條的束縛，如今經濟發展已獲得了世界各國括目相看的評價。根據《遠見雜誌》十一月出版的「二〇〇八中國特刊」，高希均教授專欄所統計的幾個重要總體數字，就可描繪出擋不住的勢頭：

- 近三十年來的平均經濟成長率高達百分之十一點九，破世界紀錄。

• 中國大陸外匯存底全球第一，已超越一兆二千億美元。
• 自二〇〇六年第三季起，中國大陸已是全球生產汽車最多的國家。
• 二〇〇六年中國大陸創新研發費達一三六〇億美元，超越日本的一，三〇〇億美元，位居全球第二，僅次於美國。
• 二〇〇七年的IMD（瑞士洛桑管理學院）全球競爭力排名中，中國大陸居十五名，首次超越台灣（十八名）。

然而市場經濟（資本主義）的興起，順著人的慾望，無盡止的生產人們想要的消費品，一切都往物慾化前進，尤其在「先讓一部分人富起來」的理論架構下，讓一些具特權的階層，利用急速發展過程中，法制不足以規範改革開放引發的貪汙及掏空國有資產等弊病，導致貧富差距嚴重擴大，民怨沸騰等問題，嚴重影響社會的安定和政治經濟的改革。二〇〇七年九月上旬在中國大陸召開的「世界經濟論壇」，中國總理溫家寶在開幕中坦白指出：中國未來經濟發展目標是要解決「不穩定、不協調、不平衡、不可持續」的問題。在十月中北京舉行「十七大」前夕，面對全球重要人士，溫家寶之坦率，令人感動。

被視為左派學者的北京大學法學教授鞏献田認為「因為改革開放之後，整個觀念的改變，中國現在的市場經濟是全世界最野蠻的，最不規範的」。他大聲說：「國有資產被個人搶劫了」。鞏獻田稱，第八屆全國人大就把《國有資產法》，列入立法規劃，「可是十多年了，現在連《國有資產法》的草案都沒有」。至於《領導幹部財產申報公布法》，他說：「我們已經呼籲了快二十年了，草案也未見影子」。被大陸自由派指為「左」派者，經常被視為改革開放的阻撓者，洪水猛獸，鞏獻田是在大陸擁有一定影響力的左派學者，因為他的一封公開信，《物權法》一度難產。再往前進，鞏獻田認為，社會主義講求的是公平正義。現在中國大陸已經不講求這些，而比的是誰的錢多，他說：「過去教育、醫療、住房、都是低收費的，現在生產資料公有制萎縮了，教育、醫療、住房都成為嚴重的社會問題。」

綜上所述。我仍可以看出鄧小平所主張及推行的「具有中國特色的社會主義市場經濟」政策，現已走到了十字路口，因此中共十七大報告中提出的小康社會、和諧社會等議題，顯示了「左」派主張發生了制衡力道，促使中國未來的經濟發展符合社會公平正義，採取儒家「中庸」之道。

二〇〇七年十一月六日英文「亞洲時報報（Asia Times）」登載了設於上海的「中歐國際經貿學院 David Gasset」教授所撰的一篇專論，題為「一個具有中國特色的世紀（A Century with Chinese Characteristics）」。G氏的論點是，十五世紀的義大利文藝復興改變了歐洲及世界，如今中國的翻天覆地的轉變，可稱為「具有中國特色的文藝復興」，因為它包含了三個互相關連的發展要素：經濟的重新突起，社會政治的改造，以及中國文化的重新詮釋。他認為當前二十一世紀的中國文藝復興將改變我們的世界。

我要再次引用《遠見雜誌》高希均教授專欄的話：「二十世紀元年（一九〇〇年），對中國人與台灣人是同樣的殘酷。八國聯軍入侵北京，日本帝國主義統治灣進入第五年。歷史的教訓是：一個無能的滿清就會帶來烽火漫天，國破家亡。百年戰亂、百年蛻變、百年新局。」

當前的中國經濟，儘管有它各種潛在問題，但英國《經濟學人》雜誌指出它對當前全球成長的貢獻，在二〇〇七年已超越美國。九月二十九日的文章中反覆強調：「除了美國，此刻是靠中國經濟這個成長引擎在支撐全球。」

綜合上述，當前中國的經濟發展和綜合國力的上升，已經成為全球的焦點，二〇〇八年，被西方主流媒體視為「中國年」，西方學者發現中國在過去二十年間，經歷了西方要二百年才實現的工業化、都市化和社會轉型。

二〇〇八年八月間舉行的奧運，就是一個重要的「視點」，是中國在世界舞台上表現亮麗一面的最佳時機，但中國在奧運會的光榮是否也會從場內向場外延伸，進入到其他的領域？中國的政治及社會變革是否也可以後來居上，贏得人文世界更多的金牌？

軟實力的金牌就是超越GDP主義，奔向人文價值的標桿，在普世價值的天地中展現中華民族的貢獻與承擔，當中國的教育課程還是在政治意識型態範疇中談道德的問題時，媒體和民間社會已經重返中華文化經典的傳統，探索如何將幾千年以來的智慧，加以創造性的轉化，成為今日實踐的參考。從于丹的《論語》和《莊子》的心得，到易中天「三國」反思，都在電視上掀起熱潮；過去在中國大陸被禁多年的錢穆、余英時、南懷瑾等著作，如今在書市中熱銷，民間甚至掀起了國學熱和讀經熱，要在中華文化的傳統中，尋找最新的智慧。

這些最新的智慧不是新富階層的裝飾品，而是整個民族尋找新出路的一道文化光束，照亮灰濛濛的道德光源。以德服人，而不是以力屈人；以義為利，民無信為不力，追尋天人合一等哲學，讓匆匆追逐利益的人群，能夠反思生命的真義，去追尋一個和諧及理性的人際關係；既讓每一個人發揮自己的潛力，又可以保障每一個人的權益，並且又能照顧弱勢群體需要，讓中國避免掉進「經濟的巨人，文化的侏儒」的尷尬陷阱。

寫於二〇〇八年十二月

中國共產黨的改革

大陸當局講改革不是一天兩天了，三十多年前的十一屆三中全會開啟了鄧小平的改革年代，這個階段的改革是今日大陸推動全面深化改革的起點和基礎，也歷經了曲折的道路。其實，鄧小平的改革，原本就是「全面改革」，從政治、經濟、社會、文化方面來推進，結束文革、撥亂反正，本身就是重大的政治改革，也是其他領域能夠進行改革的最大保證。這階段的全面改革，原本並未繞開政治改革，但八九年發生的天安門風波卻讓政治改革基本停滯，鄧小平的改革事業就幾乎聚焦在經濟體制上，而政治和經濟的扞格，始終是大陸改革事業的一大難題。

江澤民時代的改革，延續了鄧時代「人人有錢賺」的風潮，維持了一定程度的政治寬鬆，但絲毫看不到推進全面改革的氣魄與格局。胡溫上台，標榜新政，溫家寶總理在卸任前，多次暢談政治改革，但始終被認為並非大陸當然的主旋律，也始終未採取具體行動。

進入習李時代，習近平一出手就展現不凡氣勢，在出任總書記的致詞中，就表明要推動中共自身的改革，「打鐵還須自身硬」之後，反腐措施規範推出，二〇一三年底十八屆三中全會正式標舉了「全面深化改革」的旗幟，二〇一四年被認為是「全面深化改革的元年」，習近平誓要「真槍真刀推進改革」。

全面深化改革的目標其實非常清楚，就是要實現「中國夢」，也就是中華民族的復興，而要實現這個目標，就必須實現另外一個目標，那就是中共本身的自我改革、自我完善、自我革新。

我們可以大膽的做出結論，習近平細緻布署的「全面深化改革」，絕對會是影響中國發展前景的一大關鍵。多數大陸民眾也認為習式改革「決心之大、力度之強、涉及面之廣，為數十年來所未有」。

習近平能否成功，尚難預言，但歷史使命感自能感動人心進而凝聚力量。習近平在文革時代曾是「知青」，下放在陝北勞動多年，對於基層農民有一份深厚的感情，他是一個在特定的時代，經歷了特定的磨練，產生了特定的使命感，去完成特定的任務——中國共產黨的改革。

寫於二〇一四年十二月

跨國公司對中國大陸投資的趨勢

一、全球最大的一百家跨國公司控制著全球對外直接投資總額的三分之一，全球跨國公司中百分之六十以上的子公司分布在開發中國家，而越來越多的跨國公司正熱衷於涉足中國大陸市場。

二、一九九三年中國大陸吸收的外資達到二百六十億美元，佔當年全球流向開發中國家的直接投資額一半以上，成為僅次於美國（三百二十億美元）的第二大吸納外資者。一九九四年中國大陸吸收的外資增加至三百四十億美元，連續第二年居世界的第二位。

三、國際資本投入中國大陸可分為三次浪潮：

（一）第一次起於七〇年代末和八〇年代初，當時外資對中國大陸市場開始有濃厚的興趣，但實際投資卻很少。

（二）第二次是在八〇年代中後期，港、澳、台等亞洲華人資本蜂湧而入，成為中國大陸市場上的主流外資。

（三）第三次則是九〇年代起大型跨國公司對華投資的熱潮，巨型跨國公司如三菱、西門子、微軟、通用汽車、波音、ＩＢＭ都進入了中國大陸市場。

四、跨國公司注重長期投資

對中國大陸進行投資的跨國公司中，佔越來越大比重的一部分可歸類為「策略投資者」或「第二代投資者」。世界著名的麥肯錫顧問公司的一研究報告指出，這類公司的特徵是不再滿足於僅在大陸某一地建立據點生產某種產品，而開始進行長期投資，大多數公司預期在今後幾年中對大陸投資至少要比現在要增加二至三倍。未來大跨國公司在大陸投資的作法可歸納如下：

（一）建立強有力的中國大陸投資中心，負責整體的大陸發展策略的貫徹和執行，有效協調對外的各種關係和不同的投資決策，統籌對大陸各地的投資事宜。

（二）掌握合資企業的控股和決策權，即指執掌至少超過百分之六十七合資企業股東權益股份，以控制合資企業的決策和管理權。

（三）設立中國大陸業務部，負責協調多個合資企業的經營，有些經營石油、化工、汽車、電器、電腦的跨國公司，往往不同的省分有多家生產不同產品和零件的合資企業。利用業務部這種形式，可以提供集中的管理、共享的服務和產品的專門知識及生產技術，以較低的管理成本來有效地監管多個合資企業。

（四）組織規範化的員工培訓，跨國公司解決員工問題的重要途徑有兩條：一是直接聘用外籍經理和技術人員；二是聘請外籍專家訓練中國大陸的員工。藉助第一條途徑，既可保證對企業的控制權，又可迅速解決管理和技術人員不足的問題，但成本很高。目前大跨國公司都在雙管齊下地加強培訓大陸僱員，一方面訓練技能，另一方面則灌輸西方的企業文化和以合作求生存與發展的價值觀。

五、投資大陸以謀求發展

促使西方大跨國公司在九〇年代對中國大陸投資升級的因素很多，大致可以歸納為以下幾方面的考慮：

（一）投資的比較利益

進入九〇年代以來，在生產國際化程度的提高同時，世界經濟發展的不平衡狀態也更趨明顯。西方經濟的疲弱和亞洲經濟，尤其是中國大陸經濟持續發展形成了顯明的對照。目前，儘管中國大陸的許多亞洲鄰國如印度、越南、緬甸等也具有不少成本優勢，但就總體投資環境和發展潛力而言，迄目前為止，中國大陸仍是投資者的較好選擇。

（二）中國大陸經濟增長和市場潛力

中國大陸多年來強勁的經濟增長，加上商品、資本、金融、證券、勞動力等各類市場也逐漸發展出來。此外，向為投資者所重視的政策因素，也日趨靈活和規範化。許多投資者都承認，大陸這個市場大得無人能夠忽略它。

實際上，許多跨國公司對中國大陸的投資受到其本國政府或區域組織的大力引導和支持，以美國為例，美國對大陸貿易逆差不斷增加，已引起美國政府的不安。克林頓政府推行的「國家出口策略」，就指引美國公司加緊向大陸這個「全球最大的新市場」出口產品和服務。而投資將是其經濟貿易政策得以貫徹的最得力工具之一。歐盟也將於今年在大陸設立商業資料中心，協助歐洲商人對大陸作出投資選擇。

（三）經濟一體化形勢下的競爭

當前，經濟一體化主要體現為區域經貿一體化，如歐盟、北美自由貿易區、東協自由貿易區等。

而衝破地區性貿易障礙的最有效辦法之一就是進行直接投資。一九九四年，德國在中國大陸投資二點六億美元，而美、日投資分別是其十倍和八倍，這無疑會刺激德國對中國大陸的投資。一九九三年德國的西門子在中國大陸有三家合資企業，到一九九五年增至三十家。其他多家跨國公司也準備在飛機、基礎設施、電訊、鋼鐵、環保等領域進行大規模的投資。預料在今後幾年內大跨國公司對中國大陸的競爭性投資會有大幅度的增加。

綜上所述，跨國公司對大陸的投資，勢將趨向擴大化和長期化。

寫於一九九六年五月

後註：本文為筆者於一九九六年五月任理律法律事務所顧問時期所撰。

海峽兩岸演講之旅

筆者於民國六十九年（一九八〇）參加半官方機構中歐貿易促進會工作，每年平均訪問歐洲兩三次，向歐洲國家介紹中華民國台灣的政治與經貿發展情況，以及推動歐洲國家工商團體來華訪問及設立駐台辦事處。此外，亦常受邀至我政府單位及學術機構演講，介紹歐洲共同體的統合過程與中（台）歐貿易的現況及展望。

爾後筆者於民國八十一年（一九九二）至八十五年（一九九六）期間，應邀至大陸的大學及財經學院就「一九九二歐洲單一市場計劃及歐洲經濟體整合的最新發展」以及「世界經濟集團化及貿易區域化的趨勢及因應之道」，發表演講或座談。

鄧小平在一九九二年宣布中國大陸的經濟向世界全面開放，故大陸政府及經貿研究機構紛紛邀請台灣經貿專家赴大陸訪問及演講。筆者在一九九二—一九九六年期間曾應邀在北京、上海以及江蘇、浙江、安徽、河北、河南、湖北、四川、山東、遼寧、福建及廣東各省之大學、學術機構和政府外經貿單位參加座談或演講。謹將邀請函編為附錄，作為歷史的見證。

由於中國大陸自一九四九年建國以後，採取鎖國政策，中國人民對於世界發展情況全然不知，因此筆者在演講過程中，必須先介紹一九四九年以後的世界經貿發展過程及亞洲四小龍的崛起。記得某年應邀訪問北京外貿學院，上午與教授們座談，下午對學生們演講，階梯式教室可容兩三百人，走廊及窗口擠滿學生，此種求知若渴的熱情令我感動不已。上午座談時，有一位蔣教授發問說：「台灣不肯與大陸統一，是否嫌我們窮」。我回答道「此非主因。」中午系主任邀宴時，我對蔣教授說：「現在我可以回答你的問題了，因為我們怕共產黨。」蔣教授接著說，當年紅衛兵鬥他時的罪名是他姓「蔣」，蔣教授辯說：「我不是寧波人，我是紹興人。」紅衛兵學生說：「反正你們姓『蔣』的浙江人的都不是好東西。」接著系主任伸出雙手說：「仉先生，你看。」當時我看到他的十個手指頭關節處突出十個大肉瘤，明顯是受酷刑所致，我心痛到紅了眼睛說：「這些學生連畜牲都不如！」

寫於二〇一四年十二月

欲買桂花重載酒——讀後感

劉瑛

民國四十二年，我從台大畢業，考入聯勤總部編譯訓練班。結業後，奉派到海軍任少尉編譯預官，時間是四十三年初。

其時，美國派了一個九十餘人的ＴＴＴ（Troop Training Team）來台協助我海軍陸戰隊訓練兩棲作戰，我曾學過軍醫，因此，跟隨一位少校軍醫金肯思，他講解衛生勤務，我為他作同步翻譯。一個月後，訓練結束。我被調到兩棲訓練司令部連絡官室。

兩訓部宿舍是木造平房，冬冷夏熱，八人共一寢室，同室中有一位兩眼炯炯有光的中尉海軍教官，每次和他交談，總覺得他一身精力充沛，自信滿滿，操一口尚帶上海口音的國語，談論任何事總是有條有理，他便是仉家彪兄。從民國四十三年到今天民國一〇三年，我們整整認識、相交，已超越一個甲子，六十個年頭了，時間過得好快。

我好交友。孔夫子說：「無友不如己者。」我平生待過三個單位：南京首都陸海空軍總醫院、海軍、和外交部。撇開外交部不說，在南京總醫院，我認識了四位特出的同事：陳銘生、董作賓、湯建中和周平安，他們的ＩＱ、ＥＱ都非常高。在海軍，我認識了家彪兄、趙樹森和廖乾元。他們有的已過世了，有的在國外。至今，湯建中、周平安、家彪兄和我，我們還定期集會，吃飯、喝酒，暢談「想當年」。不知不覺中我們都八十好幾了！

我在兩訓部待了不到兩個月，又調回海軍總部連絡官室。也就是在海軍總部時，我認識了一些家彪兄的「死黨」。我必須說：他們都是了不起的人才。像英俊瀟洒的湯紹文中尉，左營軍區的董孝誼上尉，海總連絡官室的唐瑩南少校，劉達材上尉，都是有智慧、有才能的青年才俊。

我進入外交部後，總以為海軍離我越來越遠了。而就在我任科長之時，有一次安排外賓行程，和時任海軍總部外事連絡室主任的家彪兄碰了面。而後，我任司長之時，有一次到陽明山革命實踐研究院講課，又遇見了已升任國防部人事次長的劉達材兄。任駐泰代表時，交通部次長董孝誼兄訪泰，我請他吃飯、打高爾夫。至於昔日的海軍長官，黎玉璽先生、宋長志先生、鄒堅先生，卻是在使節會誼中碰面。紹文兄，我們經常在何景賢博士家中見到，可惜他早已仙逝了。去年，我和家彪兄還找到高齡九十三歲的唐瑩南兄聚餐。

真是，人生何處不相逢！想當年，

啊！那些年我們都是一群好弟兄！

啊！那些年我們都在一起泡蜜絲！

啊！那些年我們都只是二十五、六、七歲的少年郎！

家彪兄的這三句評語，十分真實，所以也十分傳神。

讀完全書，家彪兄忠黨愛國的功績，相信讀者們都能體會得到。他書中還有一句話「說走就走！」由美國辭職返台任事，這是一句有骨氣的話、有擔當的話，我最欣賞。

水滸傳中，阮小二說：「這一腔熱血只賣給識貨的。」《儒林外史》中，鮑文卿說：「須是骨頭裡掙出來的錢才做得肉。」雖只是一句話，卻能充分表達說話人的性格。

我最後一個工作是任駐約旦代表。對約旦交涉很順利，但經常受到外交部主管次長的打壓。章孝嚴先生繼任部長，我安排他率團訪問約旦，接受名譽博士學位，晉見胡笙國王。且居停於王宮中。其時，我在約旦已待了近三年，我當面向章部長請辭，但他不同意。

我不願受哪些不懂事人的氣，章部長離約旦後，我再上書請辭，得來的卻是一封部長文情並茂的慰留函。

同事或對我說：「代表來約旦三年，諸事順利。該辦的都已辦好了。兩國關係，可說越來越好，只要靜坐在辦公室中，一個月淨拿一萬幾千美元的薪水，豈不是好？何必一定要辭職呢？您身體健康良好，一旦退職，無事可作，會很不習慣的！」

家彪兄「說走就走」，我也一樣，辭意甚堅。經過三次電報請辭之後，章部長終於批了「勉予同意」。我也就整裝回國。

家彪兄辭職之時，年才五十。我辭職時，卻已年近古稀了。

卓文君說：「男兒重意氣，何用錢刀為？」

魏鄭公說：「人生感意氣，功名何足論？」

「說走就走！」這句話，於我心有戚戚焉。

退職都已經十七個年頭了。每次和家彪兄相聚之時，提起「想當年」，依舊風情未減，意氣風發。

只是：

欲買桂花重載酒，
終不似，少年遊！

附錄

珍貴文件

中華民國(台灣)外交部
Ministry of Foreign Affairs
of the Republic of China (Taiwan)

家彪秘書長賜鑒：

欣逢春節，小龍呈瑞，敬維萬事迪吉，以欣為頌。荷承賜贈大作「血歷史—從英國海軍到孫運璿的英文顧問之路」及「飛越太平洋的友情—與美國國會議員的書信集」兩書，隆情盛誼，無任銘感，特申謝忱。

素仰秘書長英文造詣精湛，深受長官倚重，今將相關書信予以結集出版，諒對同仁撰擬英文書牘，卓有參考助益。另拜讀回憶錄之餘，更對秘書長早年投筆從戎，迭建功勳，嗣因緣際會，轉役涉外事務，並長期參與我推動與美國及歐洲地區各國經貿實質關係之貢獻，有進一步瞭解，殊深感佩。

今後尚祈續予指教，以匡不逮，是所至盼。耑函布謝，敬頌

春釐

晚 永樂 敬上

102年2月18日

中華民國外交部長 林永樂
Lin, Yung-lo
Minister of Foreign Affairs
Republic of China (Taiwan)

家彪秘書長賜鑒：

敬謝5月17日來函。卓著「歐洲之旅—誰說弱國無外交(一)」及「回望華府」三篇等專文，晚已敬謹拜讀，特申謝忱。

執事於國家艱難時刻派駐華府，嗣復於退休後續協助推動對歐工作，對提升我國際關係貢獻良多。欣悉擬就以往推動對歐經貿工作之豐富經驗撰寫專文，晚深感敬佩，相信卓著必可啟迪後進，並收鼓舞國人之宏效。

晚於外交部從事歐洲相關事務工作長達20多年，見證台歐盟關係之長足發展，尤其是2011年歐盟予我免簽證待遇，更是雙邊關係之重要里程碑。有關提供台歐雙邊關係資料一事，已遵囑交由歐洲司辦理，當於收整後奉達。爾後尚祈時賜箴言，以匡不逮為禱。

耑復，順頌

時祺

晚

永樂 敬上

中華民國103年5月26日

經濟部（函聘）

檔號	
保存年限	
速別	速件
密等	
解密條件	公布後解密 附件抽存後解密 年 月 日自動解密
受文者	中歐貿易促進會仉秘書長家彪
行文單位 正本	中歐貿易促進會仉秘書長家彪
行文單位 副本	
批示	
擬辦	
蓋印	
發文 日期	中華民國82年3月3日
發文 字號	經（82）人〇八一八四〇號
發文 附件	

茲聘

台端為本部產業發展諮詢委員會貿易政策審議會審議委員，聘期至民國八十二年六月三十日止。

裝 訂 線

經濟部國際貿易局（聘函）

保存年限：

檔號：

速別：

密等：

受文者：仉家彪先生

副本收受者：

批示：

擬辦：

茲聘

仉家彪先生為本局顧問

（七）

局長 蕭萬長

發文

日期：中華民國七十一年二月四日

字號：貿（七十一）人發字第0177號

附件：

蓋印

經濟部國際貿易局

復文：請敘明原文字號

郵區地址：107臺北市湖口街一號

裝訂線

中央研究院歐美研究所
INSTITUTE OF EUROPEAN AND AMERICAN STUDIES
ACADEMIA SINICA

TEL: (02) 782-1164
782-3108
FAX: 886-2-7851787

家彪 教授道鑒：

本所謹訂於八十三年四月八、九兩日，假本所研究大樓會議廳舉辦「歐洲統合與中歐關係」國際學術研討會，預計邀請國內外學者專家一百二十人參加，並提出相關論文十五篇。隨函附寄本次研討會暫訂議程乙份以供參考。屆時敬請準時蒞臨與會。

耑此奉邀 並頌

時祺

秘書長 沈玄池 敬啓

八十三年3月30日

*如有任何問題請與羅秀青小姐聯絡：電話：七八九九三九〇轉二五〇
傳真：七八五一七八七

*通往本院之公車路線：聯營公車——二〇五，二一二，二五六，二七〇，二七六，三〇六等直達中央研究院

台北市南港區 115 研究院路二段 130 號 • Nankang, Taipei, Taiwan 115, Republic of China

私立淡江大學（聘函）

保存期限：

檔號：

速別：

密等：

受文者：仉家彪先生

副本收受者：

批示：

擬辦：

發文日期：中華民國八十年十二月十八日

發文字號：(80)校人字第三二一三號

附件：

蓋印

郵區地址：台北縣淡水鎮25137英專路一五一號

茲敦聘

仉家彪先生為本校歐洲研究所八十學年度第一學期碩士論文口試委員。

此聘

校長 趙榮耀

裝訂線

外交部外交領事人員講習所簡便行文表

速別	受文者	行文單位 正本	行文單位 副本	主旨	說明	發文單位
密等	仇秘書長家彪			敬邀 蒞所講授「歐洲共同體簡介及其對我經貿之影響」課程。	一、講授對象：外交領事及國際新聞特考及格人員。 二、授課時間：八十一年六月十日（星期三）上午九時至十一時五十分。 三、授課地點：台北市仁愛路四段八十號本所第 大禮堂 教室。 四、聯絡電話：七〇七三四四一或七〇七三〇二三教務組。 五、檢附課程講授大綱空白表格三份，請於授課三日前[illegible]本所教務組，俾適時影印分發學員。	外交領事人員講習所

來文日期字號	發文日期	發文字號	附件
	中華民國[illegible]	外講(81)字第236號	如說明五

保存年限	
檔號	

考選部（函）

速別	最速件
密等	
解密條件	公布後解密 / 附件抽存後解密 / 年　月　日自動解密
受文者	仉委員家彪
行文單位 正本	吳委員大誠等
行文單位 副本	施典試委員長嘉明（含委員名單乙份）
發文 日期	中華民國81.年8.月26.日
發文 字號	(81)選特字第四三〇一號
發文 附件	聘書乙張
批示	
擬辦	

主旨：檢送八十一年特種考試外交領事人員、外交行政人員暨國際新聞人員考試口試國際經濟商務試委員聘書乙張，請　查收。

說明：依據考試院民國八十一年八月十九日(81)考台人字第二五九〇號函辦理。

裝訂線

理律法律事務所

台北市敦化北路二〇一號七樓

發文 八三－一〇〇二號

家彪先生大鑒：

敬謹敦聘　先生為本事務所顧問。聘期自民國八十三年四月一日起至民國八十四年三月三十一日止。

耑此　敬頌

時祺

徐小波

陳長文　敬上

中華民國八十三年三月三十日

1057Z 第 頁全

郵政信箱619號　電報交換機號碼11651　電話：(02)715-3300　傳真：(02)7133966

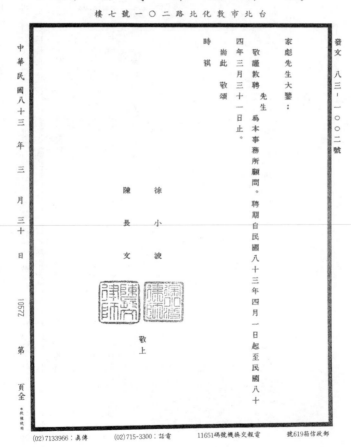

國立政治大學國際關係研究中心

家彪 先生道席：第七屆「中、歐學術會議」定於本(79)年九月三日至五日假本中心國際會議廳舉行，大會主題為「共產主義何去何從？」。前經洽邀，承蒙
先生慨允擔任本研討會之中方代表及討論會引言人，至為感謝。茲隨函檢奉
大會議程一份，敬供 卓參。耑此奉邀，祇頌
道綏

林碧炤 敬啓
七十九年八月廿八日

杭州大學

仉家彪先生：

您好!

欣闻仉先生将于今年四月来杭探亲，并知悉仉先生多年从事国际贸易等方面的理论研究，造诣颇深。如果仉先生在杭期间感到方便的话，我们想邀请您安排半天时间来我校讲学，讲演题目初步定为“欧洲统一市场的发展对中国对外贸易发展的影响”。如果您同意，请提前通知我们，以便做好准备工作。

我将很高兴能在美丽的西子湖畔与仉先生见面。

此致

安康!

杭州大学校长

一九九三年二月二十七日

Do人物39 PC0496

誰說弱國無外交
──四〇到八〇年代台灣外交奮擊

作　　者／仉家彪
責任編輯／辛秉學
圖文排版／莊皓云
封面設計／王嵩賀

出版策劃／獨立作家
發 行 人／宋政坤
法律顧問／毛國樑　律師
製作發行／秀威資訊科技股份有限公司
地址：114 台北市內湖區瑞光路76巷65號1樓
電話：+886-2-2796-3638　傳真：+886-2-2796-1377
服務信箱：service@showwe.com.tw
展售門市／國家書店【松江門市】
地址：104 台北市中山區松江路209號1樓
電話：+886-2-2518-0207　傳真：+886-2-2518-0778
網路訂購／秀威網路書店：https://store.showwe.tw
國家網路書店：https://www.govbooks.com.tw

出版日期／2015年9月　BOD一版　定價／200元

|獨立|作家|
Independent Author
寫自己的故事，唱自己的歌

誰說弱國無外交：四〇到八〇年代台灣外交奮擊 /
仉家彪著. -- 一版. -- 臺北市：獨立作家,
2015.09
面；　公分 -- (Do人物；39)
BOD版
ISBN 978-986-5729-96-7(平裝)

1. 仉家彪 2. 回憶錄

783.3886　　104012685

國家圖書館出版品預行編目

讀者回函卡

感謝您購買本書，為提升服務品質，請填妥以下資料，將讀者回函卡直接寄回或傳真本公司，收到您的寶貴意見後，我們會收藏記錄及檢討，謝謝！如您需要了解本公司最新出版書目、購書優惠或企劃活動，歡迎您上網查詢或下載相關資料：http:// www.showwe.com.tw

您購買的書名：________________________________

出生日期：________年________月________日

學歷：□高中（含）以下　□大專　□研究所（含）以上

職業：□製造業　□金融業　□資訊業　□軍警　□傳播業　□自由業

□服務業　□公務員　□教職　□學生　□家管　□其它_____

購書地點：□網路書店　□實體書店　□書展　□郵購　□贈閱　□其他

您從何得知本書的消息？

□網路書店　□實體書店　□網路搜尋　□電子報　□書訊　□雜誌

□傳播媒體　□親友推薦　□網站推薦　□部落格　□其他__________

您對本書的評價：（請填代號　1.非常滿意　2.滿意　3.尚可　4.再改進）

封面設計____　版面編排____　內容____　文／譯筆____　價格____

讀完書後您覺得：

□很有收穫　□有收穫　□收穫不多　□沒收穫

對我們的建議：________________________________

____

____

____

請貼
郵票

11466
台北市內湖區瑞光路 76 巷 65 號 1 樓
獨立作家讀者服務部 收

（請沿線對折寄回，謝謝！）

姓　　名：＿＿＿＿＿＿＿　年齡：＿＿＿＿　性別：□女　□男

郵遞區號：□□□□□

地　　址：＿＿＿＿＿＿＿＿＿＿＿＿＿＿＿＿

聯絡電話：(日)＿＿＿＿＿＿＿＿＿＿(夜)＿＿＿＿＿＿＿＿＿＿

E-mail：＿＿＿＿＿＿＿＿＿＿＿＿＿＿＿＿